教育部高校示范马克思主义学院和优秀教学科研团队建设项目（重点选题）：医药类高校思想政治理论课有效性提升机制研究（19JDSZK004）
安徽省高校优秀科研创新团队项目：红色杏林“大思政课”研究中心团队（2022AH010038）
安徽省质量工程重大研究项目：中医药院校“大思政课”建设有效性提升机制研究（项目号：2023sxzz023）

敬业
青春的使命
大学生讲思政主题讲稿

王先俊　杨立红◎主编

安徽师范大学出版社
ANHUI NORMAL UNIVERSITY PRESS
·芜湖·

图书在版编目(CIP)数据

敬业　青春的使命：大学生讲思政主题讲稿 / 王先俊，杨立红主编. -- 芜湖：安徽师范大学出版社，2025. 1. -- ISBN 978-7-5676-6831-7

Ⅰ. G641

中国国家版本馆 CIP 数据核字第 2024MX4903 号

敬业　青春的使命——大学生讲思政主题讲稿　王先俊　杨立红◎主编

JINGYE QINGCHUN DE SHIMING DAXUESHENG JIANG SIZHENG ZHUTI JIANGGAO

责任编辑：刘　翠

责任校对：李晴晴

装帧设计：张　玲　张德宝

责任印制：桑国磊

出版发行：安徽师范大学出版社

芜湖市北京中路2号安徽师范大学赭山校区　　邮政编码：241000

网　　址：https://press.ahnu.edu.cn

发 行 部：0553-3883578　5910327　5910310(传真)

印　　刷：安徽联众印刷有限公司

版　　次：2025年1月第1版

印　　次：2025年1月第1次印刷

规　　格：700 mm × 1000 mm　1/16

印　　张：12.25

字　　数：171千字

书　　号：978-7-5676-6831-7

定　　价：49.00元

目　录

奋斗逐梦篇

高山景行篇

传承笃行篇

奋斗逐梦篇

敬业精神　敬业梦

芮雪琳

所谓敬业，就是专心致力于学业或工作，尽心竭力，精益求精。敬业是中华民族的传统美德，孔子曾提出“执事敬”的主张，朱熹则言：“敬业者，专心致志以事其业也。”敬业不仅是一种踏实认真的工作态度、精益求精的执着追求，也是一个人安身立业的重要法宝。

古往今来，凡是在专业领域达到至臻境界、成就不凡人生的人，无一不是执着于一个目标，倾心投入、追求卓越、坚持不懈之人。须浩风，江苏无锡人，1934年秋考入清华大学化学系，1956年调至北京国家技术委员会负责筹建标准局。随后，他与局内及全国标准化工作同仁共同努力，兢兢业业，为我国标准化工作作出了重要贡献。但晚年谈及其成就时，老人家只是用一句话来概括自己以往参加革命和建设工作的经验与体会，那就是要始终以敬业的精神对待自己的工作，在长期工作与生活实践中追求一个健全的人生，并以此意寄望于后来者。

“两弹一星”功勋奖章获得者钱学森，曾任美国麻省理工学院教授，他的一生无疑是辉煌的、无愧的。1955年，钱学森历经诸多艰难险阻，终于回到自己魂牵梦绕的祖国。归国后，钱老立即全身心投入我国国防科技建设事业。然而，当时的研发环境极其恶劣，国外对中国实施技术封锁，甚至苏联也撕毁对华合同，撤回全部支援。在这样的条件下，钱学森并未选择放弃，哪怕是日食粗粮、夜眠帐篷，仍与众多学者一起坚持、一起努力。就是在这种迎难而上、孜孜以求的敬业精神激励下，1960年11月5日，中国第一枚国产近程导弹“东风一号”发射成功。此后，原子弹、氢弹接连成功爆炸，不仅使中国国防向前迈了一大步，也使中国航天事业进入了一个全新的发展时期。钱老坚持不懈、排除万难的敬业精神，使中国导弹、原子弹的发射向前推进了至少20年。

袁隆平，一生致力于杂交水稻研究，不断推出新成果，被誉为“杂交水稻之父”。他的成功绝非侥幸，而是源自他一直坚持的敬业精神。年过古稀，袁老仍一直坚守在第一线，弥留之际仍关心着水稻的最新研究、应用与推广情况。他把杂交水稻事业刻进了自己的人生，也用身体力行告诉我们“生命不息，奋斗不止”。

钟南山，一个在特殊时期家喻户晓的名字。无论是2003年的“非典”，还是2020年的新冠肺炎疫情，钟老始终以非凡的勇气坚守在抗疫第一线，制定方案，大胆发言，稳定人心。他置自身的安危于不顾，认为这本来就是自己的责任。他用自己的行动向我们讲述了什么是爱岗敬业、妙手仁心。

敬业精神在不同时代、不同行业都散发着耀眼的光芒。敬业者用自己的实际行动与一生坚守深深打动了我们，向我们诠释了什么是敬业精神，以及敬业精神如何成就他们的梦想。

如今，站在前人肩膀上的我们，遥望未来，应该继承和弘扬敬业者身上孜孜以求的敬业精神，化外在强制被动为内在自觉主动，立足专业，倾心投入，锲而不舍，以求有所成就。

（指导教师：方文韬）

爱岗敬业　追逐梦想

刘佳玲　叶　俊　许倩雯

功崇惟志，业广惟勤。敬业是中华民族的传统美德，我们历来就有“敬业乐群”“恪尽职守”的传统。敬业是做好本职工作的重要前提和可靠保障。“春蚕到死丝方尽，蜡炬成灰泪始干”，讲桌前教师不畏粉尘、不顾舌燥，悉心教导学生是敬业；“人生自古谁无死，留取丹心照汗青”，军人不畏艰险，每日坚持训练，保家卫国是敬业；“采得百花成蜜后，为谁辛苦为谁甜”，实验室里医学家们一次又一次尝试研制药品，为医学领域作出贡献也是敬业。简单来说，敬业就是一个人对自己的工作及学习认真负责的态度。

南仁东，“中国天眼”主要发起者和奠基人，1994年提出500米口径球面射电望远镜工程概念。为了给工程选址，他带着300多幅卫星遥感图，跋涉在中国西南的大山里，一找就是12年。在项目启动期间，他带病研发，历时22年，终于使我国具有自主知识产权、世界最大单口径、最灵敏的射电望远镜问世。乔素凯，我国第一代核燃料师，全国一半以上核电机组的核燃料都由他来操作。20多年来，他怀着对核燃料的敬畏和对工作的负责，在核燃料操作中零失误。单嘉玖，在书画修复这个岗位上已经工作了40多年，经她修复的文件有近200件，每件古画的修复都需要复杂的工序和漫长的周期。以上这些都是敬业者恪尽职守的典范。

钟南山院士说过，选择医学可能是偶然，但你一旦选择了，就必须用一生的忠诚和热情去对待它。这句话说出了医生该有的职责和精神。2020年，突如其来的新冠肺炎疫情让所有人变得骤然紧张。钟南山，一位84岁的老人义无反顾地坐上列车，前往疫情重灾区——武汉。正如17年前"非典"暴发时一样，面对未知的疫情，钟南山院士始终冷静无畏，不顾自身安危救治病人，与死神争夺生命。17年后他依旧是人民的定海神针，是老百姓最信任的人。这就是他的敬业。

其实，新冠肺炎疫情期间，除了钟南山院士，广大医务工作者都是使命在肩。很多医务工作者同时间赛跑，用奋斗发声，战斗在与新型冠状病毒抗争的第一线。他们以精湛的医术、高尚的医德为患者解除病痛，是我们最尊敬、最可爱的白衣天使。春节期间，不少医务工作者放弃休息，赶往疫情最为严重的湖北，被人们赞为"最美逆行者"。面对新冠肺炎疫情，他们义无反顾、勇往直前。他们是白衣天使，更是白衣战士，他们在战疫一线与病魔抗争，他们脸上被护目镜勒出的印痕正是敬业精神的写照，也是最美的医德勋章。

有一种坚守是爱国，有一种担当是奉献。习近平总书记强调要大力倡导"爱国奉献精神，使之成为新时代奋斗者的价值追求"[①]。什么是爱国?不同的行业，不同的岗位，不同的人群，会有不同的回答。有的轰轰烈烈，彪炳史册；有的默默无闻，甘于平凡。但无论做什么，在哪里，都要坚守岗位干好本职工作，把爱国情怀转化为履职尽责的工作激情，在平凡中书写新时代的不凡人生。

敬业是实现中国梦的动力之源。把敬业作为社会主义核心价值观的基

① 盛斌、刘家国:《勇做新时代爱国奉献奋斗者》，中华人民共和国国防部官网，http://www.mod.gov.cn/gfbw/jmsd/4826179.html。

本内容加以倡导，也有充分而深刻的实践依据。这就是中国特色社会主义伟大实践，就是实现中华民族伟大复兴的中国梦。在当今中国，实现中华民族的伟大复兴，已经成为14亿多中国人最伟大的梦想，这个梦想的实质就是国家富强、民族振兴、人民幸福。梦想总归要变成现实，从梦想到现实的转变必然是一个艰苦卓绝的过程，需要艰苦奋斗、勤奋敬业，以及拼搏奉献。中国共产党带领中国人民进行改革开放所创造的奇迹，就是艰苦奋斗、苦干实干的结果。实现中华民族伟大复兴的中国梦依然需要苦干实干。习近平总书记多次强调："幸福不会从天而降，梦想不会自动成真。实现我们的奋斗目标，开创我们的美好未来……必须依靠辛勤劳动、诚实劳动、创造性劳动。"①

作为医药信息工程学院的学生，正是有他们作为榜样在前方，我们才能更好地放开步子奔跑。刚进实验室的我们可能会有疑问，除了学习必备的桌椅板凳、电脑以及其他学习用品，为什么还会有床？答案是，我们的学长甚至一些专业知识过硬的同级同学，放弃舒适安逸的宿舍生活，只是为了省出更多的时间用来进行单片机等项目攻关而睡在实验室。这就是我们学生的敬业精神。图书馆中神情专注一心扑在书本上的学生是敬业的，会议室中积极配合老师工作的团支书、班长是敬业的，学院活动中忙碌奔波的学生会成员是敬业的。这些敬业之人滚落下的汗珠都散发着青春的光芒。

苏联作家奥斯特洛夫斯基说过："人的一生应当这样度过：当回忆往事的时候，他不至于因为虚度年华而痛悔，也不至于因为过去的碌碌无为而羞愧；在临死的时候，他能够说：'我的整个生命和全部精力，都已经献给世界上最壮丽的事业——为人类的解放而斗争。'"②作为学生的我们

---

①《习近平谈治国理政》，外文出版社，2014年，第44页。

② 张启明主编：《世界名人经典妙语》，新疆美术摄影出版社，2011年，第13页。

就应该将青春奉献在弘扬敬业精神、成就青春梦想上。汗水不会白流，付出终有回报。我们要向充满敬业精神的优秀先进人物学习，知道什么是敬业，如何做到敬业，从而更好地弘扬敬业精神。只有胸怀敬业，我们才能饱含激情、端正态度。这样我们才能一步一个脚印做好眼前的工作，才能有底气追逐青春之梦，才有能力让青春之梦如烟花般绚烂绽放。

“雄关漫道真如铁，而今迈步从头越。”培养敬业精神非一时之事，实现梦想也非一蹴而就。在这条道路上，我们难免会被身边的“灯红酒绿”所诱惑而偏离航线，又或是因为工作的枯燥重复而有所动摇，但只要我们不忘初心，坚守梦想，任何困难都是暂时的，胜利终会向我们招手。

亲爱的同学们，让我们一起弘扬敬业精神，唱响青春的赞歌，在逐梦的道路上勇往直前，让青春之梦在敬业中绽放吧！

（指导教师：江英、阚峻岭）

爱岗敬业铸就青春梦想

万金菊　束笑祥　王单单

敬业是社会主义核心价值观在公民个人层面的价值准则，也是社会对人们工作态度的一种道德要求。事实上，中国从来不缺乏富有敬业精神的人。

除了一些大众所熟知的敬业典范外，日常生活里也有许多敬业的平凡人。老师，耕耘三尺讲台数十年仍不忘初心，用汗水浇灌教育的花园，不放弃任何一个孩子，不马虎对待任何一份作业。凌晨便起床工作的保洁，站岗巡逻一整天的保安，他们有炎炎烈日下坚持完成任务的执着，有在凛冽寒风中对自己所从事工作的坚守。这就是敬业！

“杂交水稻之父”袁隆平，一位视科学为生命的科学家，不仅是一位敬业者，同时也是一位乐业者。为了杂交水稻事业，他几十年如一日，矢志不渝，默默奉献，即使研究条件艰苦，即使滇南育种遭遇大地震的威胁，即使经历上千次的实验失败，都动摇不了他研究杂交水稻的决心。几十年来他始终坚守在第一线，适时抓住科学的灵感，眼光长远，从“三系法”到“两系法”，从一般杂交稻的成功到超级杂交稻一期、二期再到三期……不仅解决了十几亿中国人的吃饭问题，还把杂交水稻推向全世界，为更多人的温饱保驾护航。

在科研教学中，黄大年不知疲倦地求索，充满激情地登攀。有人说他是个“疯子”，他却以中国要由大国变成强国，需要有一批“科研疯子”作答；有人劝他注意身体，他却始终惜时不惜命，甘做刻苦钻研的“老黄牛”；他不爱钱财爱人才，为了让学生搞好科学研究，自费给班上24名同学每人买了一台笔记本电脑。在黄大年身上，人们看到坚如磐石的信念、“主一无适”的执着，更被他那种兢兢业业、勤勤恳恳的敬业精神所深深打动。

共产党员张青山依靠自我的执着与努力，书写了生命的绚丽篇章。他常常拖着病残的身体，辛勤地工作着，在平凡岗位上实现了自己的人生价值。他没有豪言壮语，没有惊天动地的事迹，有的只是无私无畏与默默奉献。他用自己的行动塑造了新时代一名普通党员的敬业形象。

敬业者如沙漠中的绿洲，给迷路之人以生的希望；如太阳般耀眼，为大地带来无限生机。他们创造了美好的事物，为我们的生活保驾护航。

韩愈在《进学解》中指出：“业精于勤，荒于嬉；行成于思，毁于随。”在追求美好梦想的同时，我们应该深刻领会“空谈误国，实干兴邦”的内涵，从自身做起，从点滴小事做起，勤勤恳恳，用自己的行动充实青春，用自己的智慧成就梦想。在大学生活中，我们不仅要树立正确的价值观，努力学好专业知识，还要在社会实践中锻炼自己的能力，让自己真正成为一个社会需要的人。

实现中华民族伟大复兴的中国梦也是我们每个青年的梦想。有梦想才会有希望，有希望才会有激情，有激情才会有事业，有事业才会有未来。就让我们先从追逐自己的梦想开始，将梦想化为理想，把理想变成现实。而把理想变为现实，靠的就是在平凡岗位上的爱岗敬业。

爱岗敬业是一种精神。人都有追求荣誉的天性，都希望最大限度地实现自己的人生价值。

爱岗敬业也是一种态度。在工作面前，态度决定一切，没有不重要的工作，只有不重视工作的人，不同的态度成就不同的人生。在人生的潮起潮落中，只有保持积极正确的态度，以平和的心态去面对，才能充分展现自己的能力。

敬业让我们的人生有了厚重的底色。只有在这抹厚重的底色上，我们才能挥毫泼墨，描画出人生丰富绚烂的色彩，绘出人生壮丽豪迈的锦绣长卷。

（指导教师：王屹、高勇）

扬敬业之帆　圆中国之梦

洪银春

敬业是中国传统文化当中的重要价值理念，《尚书·大禹谟》记载的"人心惟危，道心惟微；惟精惟一，允执厥中"十六字心传就体现了敬业思想。孔子主张"执事敬"。朱熹曰："敬业者，专心致志以事其业也。"韩愈言："业精于勤，荒于嬉；行成于思，毁于随。"这些先贤都要求人们集中精力于自己的事业。"敬"是人与人交往的首要原则，也是人与人关系的最佳尺度，它要求人们待人礼貌客气，诚恳尊敬，和气谦让。"业"指个人所从事的职业，每个人都有不同的能力、特质，因而职业也就不同。敬业是一个道德的范畴，是一个人对自己所从事的工作认真负责的态度。

弘扬敬业精神，追求人生价值。《雷锋日记》中有这样一段话："如果你是一滴水，你是否滋润了一寸土地？如果你是一线阳光，你是否照亮了一分黑暗？如果你是一颗粮食，你是否哺育了有用的生命？如果你是一颗最小的螺丝钉，你是否永远坚守在你生活的岗位上？"[①]雷锋同志的光辉事迹告诉我们，无论在什么样的岗位，无论做着什么样的工作，都要爱自己的岗位，都要发挥作用，都要作出贡献，这样的人生才有价值。

①《雷锋日记》，北京联合出版有限公司，2021年，第1页。

弘扬敬业精神，推动社会发展。“敬业”一词在我国有很长的历史，这说明古人很早就领会到了敬业的含义与重要性。诸葛亮是我国历史上著名的政治家、军事家，被视为智慧的化身。东汉灭亡后，魏、蜀、吴三国鼎立，三国之中蜀国实力较弱。为能与其他两国抗衡，诸葛亮从长远利益出发，充实国家力量，安定人民生活；注重选拔人才，任人唯贤；赏罚分明；虚心征求各方意见；严格要求各级官吏，惩办贪污不法行为。诸葛亮一生可谓不辞辛苦，兢兢业业，为国为民，呕心沥血，正如他在《后出师表》中所说的“鞠躬尽瘁，死而后已”。唯有敬业才能肩负起治国、平天下之大任，推动社会不断向前发展。

弘扬敬业精神，助力中国梦的实现。感动中国2019年度人物樊锦诗，把大半辈子的光阴都奉献给了大漠上的敦煌石窟，人们亲切地称其为“敦煌的女儿”。从未名湖到莫高窟，一腔爱，一洞画，一场文化苦旅，从青丝到白发。为了敦煌，樊锦诗和丈夫两地分居长达19年，两个儿子出生后都没有得到她的很好的照料，但她却视敦煌石窟的安危如生命，扎根大漠，潜心石窟考古研究和创新管理，完成了敦煌莫高窟的分期断代、构建“数字敦煌”等重要文物研究和保护工程。“空谈误国，实干兴邦”，各行各业正是有了无数像樊锦诗这样坚守和奉献的人，实现中华民族伟大复兴的中国梦才有了坚实的基础。

在新冠肺炎疫情防控中，我们身边也产生了很多令人感动的爱岗敬业事例。安徽省中西医结合医院年近90岁的国医大师李业甫先生，疫情期间仍然担心着科室的病人，坚持来医院出诊。为促进新冠肺炎患者康复，增强健康人群免疫力，李老结合近60年的临床经验，编创了一套具有益气扶正、理气舒筋的保健功法。功法配合中药，充分发挥了中医药在抗击新冠肺炎疫情中的作用。奋斗在抗疫前线的逆行者，坚守岗位，英勇无畏，心系祖国和人民，是值得我们敬佩和学习的榜样。

敬业，是一种可贵而高尚的品质。作为一名中医院校的医学生，我们不仅要夯实医学基础，提高专业技能，更要立足中国特色社会主义伟大实践，坚定专业信念，在未来的医学职业领域中，树立主人翁的责任感、事业心，培养认真踏实、恪尽职守、精益求精的工作态度，追求崇高的职业理想，做人民健康的守护者，做中医药瑰宝的传承人；要把自己的小我融入祖国的大我、人民的大我之中，与时代同步伐，与人民共命运；要弘扬敬业精神，放飞青春理想，时刻准备着为中华民族的中医药事业贡献自己的全部力量，为实现中华民族的伟大复兴而不懈奋斗！

（指导教师：王炤、张梅）

敬业精神助燃时代之梦

唐万欣

什么是敬业？“敬”是人与人交往的重要原则，社会因为“敬”更加和谐。“业”是个人所从事的职业，不同的职业可以将个人不同的能力发挥到极致。在我国传统文化中，敬业是修身、齐家、治国、平天下之本。

如何践行敬业精神？首先，要以奉献自我作为行事准则，“干一行，爱一行”，培养敬业精神。其次，要以敬业精神指导行为。2020年6月，习近平总书记在宁夏考察时强调：“社会主义是干出来的，幸福是奋斗出来的。”[①]以敬业精神作为指南，奋斗就有了方向。最后，要注重团队合作，良好的团队合作才会达到事半功倍的效果。

时代楷模张桂梅，扎根教育一线40余载，帮助2000多个女孩从大山走进大学。身为一名教师，她一直本着无私奉献、默默无闻的敬业精神，并以敬业精神作为行动指南，用爱点亮了众多乡村女孩的梦想。她的敬业也收获了社会对她的赞美。在她的身上我们可以看到培育敬业精神，以敬业精神指导行为的重要性。

团队合作同样意义非凡，没有什么是比团队力量更强大的。2020年

---

①《“社会主义是干出来的，幸福是奋斗出来的”》，中国共产党新闻网，http://cpc.people.com.cn/n1/2021/1003/c64036-32245314.html。

新冠肺炎疫情在全球多点暴发并快速蔓延，全世界公共卫生安全面临极大挑战。在以习近平同志为核心的党中央的坚强领导下，中国采取了最全面、最严格、最彻底的防控措施。14亿多中国人齐心协力、同舟共济，中国的疫情防控形势持续向好。此时此刻，团队就是各行各业的抗疫者，无论是坚守在抗疫前线的医护人员，还是基层抗疫志愿者，都用忠于职守、无私奉献守护着每个中国公民的生命。他们的敬业让中国转危为安，为时代带来希望。

新时代我们在危机中育新机，于变局中开新局。党的十九大报告指出："从二〇三五年到本世纪中叶，在基本实现现代化的基础上，再奋斗十五年，把我国建成富强民主文明和谐美丽的社会主义现代化强国。"[①]中华民族伟大复兴绝不是轻轻松松、敲锣打鼓就能实现的，全党必须准备付出更为艰巨、更为艰苦的努力，社会也需要千千万万脚踏实地、富有敬业精神的奋斗者。

这不禁让我想起嫦娥五号发射现场最年轻的女指挥员周承钰。她在生活中爱睡懒觉、吃零食，也爱逛街买买买，但在工作中异常坚韧，执行力强，敢于大胆尝试，勇于突破自我。她就是新时代富有敬业精神的代表。实现中国梦还需要更多这样的人。植物学家钟扬，排雷战士杜富国，退伍军人吕保民，退休老人马旭，民航机长刘传健，雪域信使其美多吉，守岛夫妇王继才、王仕花，他们都是用行动践行敬业精神的最可爱的人。身为青年大学生的我们更是责无旁贷，到2035年我们正值壮年，正是国家发展的中坚力量；到本世纪中叶，我们年近半百，应成为社会主义建设的领军人物。习近平总书记勉励青年学子要"不负时代重托，不负青春韶华"[②]。这就要求我们要以小我融入大我，把自己的青春价值与祖国的需要相结

① 习近平：《决胜全面建成小康社会　夺取新时代中国特色社会主义伟大胜利——在中国共产党第十九次全国代表大会上的报告》，人民出版社，2017年，第29页。

② 习近平：《论党的青年工作》，中央文献出版社，2022年，第58页。

合，让梦想照亮现实；要及早养成敬业的品质，充分利用好身边的资源，用知识武装自己；要培育敬业精神，创造事业辉煌。希望同学们都做有梦之人，用行动追梦，早日实现自己的青春梦想，实现人生价值！

（指导教师：张全喜、王丹）

敬业支撑　梦想助力

汪方鑫　沈雨珩

这是一封来自雪域邮路的信：三十忠诚风与雪，万里邮路云和月。雪山可以崩塌，真正的汉子不能倒下。雀儿山上流动的绿，生命禁区前行的旗，蜿蜒的邮路是雪山的旋律。坚强的多吉，你唱出高原上最深沉的歌。

其美多吉说，29年了，一个人的邮路是寂寞的，也是孤独的，但这是他的选择，从未后悔过，“雪线邮路，我一生的路”。因为在他的邮车上，装的是孩子们的高考录取通知书，装的是党报党刊和机要文件，装的是堆积如山的电商包裹，这些都是乡亲们的期盼和希望。雪线邮路上，并不只有其美多吉一人，还有许许多多的“其美多吉”坚守在自己的岗位上，奉献自我。

他们是多么坚强勇敢，多么无私崇高，多么敬业有担当啊！他们把梦想化成了奉献自己一生的事业，他们深爱着高原人民，深爱着自己的事业。让我们跟随雪域邮路上的忠诚信使，走进今天以“弘扬敬业精神，成就青春梦想”为主题的思政讲堂。

党的十八大报告提出：倡导爱国、敬业、诚信、友善，积极培育和践行社会主义核心价值观。在公民个人层面提出了敬业要求，这说明国家把敬业精神的培育提升到了新的高度。

敬业，让生活更舒畅。

在2020年新冠肺炎疫情中，快递小哥、环卫工人、出租车司机，以及千千万万的奋斗在抗疫一线的人，是他们将疫情中的人们链接，是他们让社会逐步恢复生机。

我们应感谢他们为我们作出的贡献；我们应祝福他们，愿他们能够平平安安；我们也应将他们视为榜样，向这些优秀的人学习！

敬业与梦想让明天更美好。

人民英雄张定宇，每一次都步履蹒跚却异常坚定地出场。他在华中科技大学开学典礼上说道："我不能延长生命的长度，但为什么不让生活更丰满呢？""希望在大瘟疫肆虐的时刻，我能用残缺的身体燃烧出的微弱之光，疗愈世间的伤痛！"

"共和国勋章"获得者钟南山，在全国抗击新冠肺炎疫情表彰大会上，迈着奋进的步伐，走上台前。大会结束后，面对众多媒体的采访，他和蔼慈祥地笑着说道："走快点儿就说明我还没老，还可以干点儿事！"

我们应当向无数平凡的英雄致敬，感谢他们为我们负重前行。我们应当时刻铭记他们为我们所做的一切，不能让时间冲淡了他们的丰功伟绩，冲淡了他们的勇敢无畏，冲淡了他们的无私奉献。

"青年兴则国家兴，青年强则国家强。青年一代有理想、有本领、有担当，国家就有前途，民族就有希望。"[①]实现中华民族伟大复兴，我辈义不容辞。

"我的梦想终于实现了，我很喜欢这里。"2020年9月11日，高考取得623分的脑瘫男孩姚俊鹏来到中国药科大学报到。"即使折了双翼，我也要展翅高翔。"在新生军训接受采访时，他说："我要和他们一样！"

始终秉持敬畏之心，以敬业作为强有力的支撑，以梦想助力我们激流勇进。泰山虽高，必在脚下；彼岸虽远，必能到达！

（指导教师：周娟、周政）

---

①《习近平谈治国理政》第三卷，外文出版社，2020年，第54页。

扬敬业之帆　筑时代之梦

任雅宁

何为敬业？

敬业是指专心致力于学业或者工作，是一个道德范畴，是一个人对自己所从事工作的态度。在我看来，敬业不仅仅是对所从事职业的一种尊敬，更多的是一种敬畏，敬畏自己的职业，敬畏自己的内心。

人们常说，榜样的力量是无穷的，下面让我们一起走进敬业榜样，以榜样力量，修敬业品质。

钟南山，中国工程院院士，著名呼吸病学专家。2020年新冠肺炎疫情暴发之时，他不顾自己84岁高龄，义无反顾地冲向了武汉防疫第一线。他早在2003年抗击“非典”疫情时就曾说：“把危重病人送到我这里来。”

林俊德，中国爆炸力学与核试验工程领域著名专家，将一生都献给了核事业。2012年，他被确诊为“胆管癌晚期”。为了不影响工作，林俊德拒绝了手术和化疗。在逝世前几个小时，病危的他在众人的搀扶之下，走向了办公桌，开始了他一生中最艰难也是最后的冲锋。

“杂交水稻之父”袁隆平有两个梦想：一个是禾下乘凉梦，一个是杂交水稻覆盖全球梦。他是一位鲐背老人，更是稻田里的守望者。他用自己的一颗赤子心、一个童真梦，创造了属于稻田里的中国梦、历史长河里的世界梦！

“以人为镜，可以明得失。”榜样不仅是一面镜子，也是一面旗帜。作为新时代的青年，我们应该有所思、有所想——我们应该如何将这种爱岗敬业的精神传承下去？如何以敬业精神让青春闪光？

“青年一代有理想、有本领、有担当，国家就有前途，民族就有希望。”[①]广大青年要不惧风雨，勇挑重担，让青春在党和人民最需要的地方绽放绚丽之花。

敬业是中华民族的传统美德，也是中国公民的价值追求。一个伟大的民族是由无数个忠于职守、品德高尚的敬业个体组成的。能否兢兢业业、一丝不苟地干好本职工作，不仅关系到个人的生存发展，也决定着整个国家的前途命运。

那么，我们该如何做到敬业？

首先，敬业要求我们打好基础。如今的世界是经济全球化的世界，我们遇到的很多问题是中长期的，必须从持久战的角度加以认识。面对新格局、新挑战，最重要的就是打好基础。其次，敬业要求我们明确目标。目标是什么？目标就是成功的坐标。在一个明确目标支持下，不停地工作，即使慢，也一定会获得成功。当然，创新也是必不可少的。作为新时代的中国青年，我们要在创业奋斗中升华理想信念，在创新创造中让青春闪光。

希望同学们都能够弘扬敬业精神，成就青春梦想！

（指导教师：王屹、高勇）

① 《习近平谈治国理政》第三卷，外文出版社，2020年，第54页。

扬敬业精神　筑青春梦想

陆梦菲　金蕾蕾　马欣茹

敬业，是党的十八大提出的社会主义核心价值观的内涵之一，也是中华民族的传统美德。

面对新冠肺炎疫情，医护人员不畏生死，建筑工人分秒必争，防控人员坚守岗位，党员干部恪尽职守……正是每个人在各自岗位上的敬业奉献，共同构筑了抗击病毒的钢铁长城。

年过八旬的钟南山院士在得知武汉可能会有疫情暴发后，第一时间奔赴武汉，并在实地考察后果断判定新型冠状病毒存在人传人现象，为大众敲响警钟。73岁的李兰娟院士同样在疫情发生的第一时间带领医护团队驰援武汉，“这一次，我来当一个医生，武汉有很多危重症患者，需要人工肝等支持治疗”。“这场战役不成功，我们就不撤兵。”顶着巨大的风险和压力，她第一个提出武汉封城，以阻止病毒大规模传播。置己身安危于外，冒舆论风险而行。钟南山与李兰娟两位院士凭着高深的医学造诣与赤诚的敬业精神，发出大医国士的真知灼见，及时阻止了病毒进一步扩散。

更多工作在平凡岗位上的医护人员，怀揣着医者的仁心与责任感，穿上防护服，战斗在抗疫一线。他们同普通大众一样，为人子女、为人父母。自从递交抗疫请战书的那一刻起，他们就不仅仅是救死扶伤的医护人员，更是肩负重要使命的战士。神经高度紧绷，物资供不应求，种种挑战并没有吓退他们，更没有阻挡他们在各自神圣岗位上发挥自己的作用。他们是那样敬业，舍小家为大家，克服着常人无法想象的困难，承受着高负荷的工作。虽然我们无法将这些最美逆行者的名字一一铭记，但他们依然如同钟南山、李兰娟两位院士一样伟大，一样值得名垂青史。

老一辈无产阶级革命家谢觉哉同志曾说：爱国的主要方法，就是要爱自己所从事的事业。敬业是爱国的重要体现，而爱国更是我们每个人最基本的价值准则。千万医护人员以身作则，在国家危急时刻挺身而出。他们是我们学习的榜样。

习近平总书记曾指出："青年是标志时代的最灵敏的晴雨表，时代的责任赋予青年，时代的光荣属于青年。"[①]当新冠肺炎疫情来袭，"90后"站在了抗疫第一线。他们当中有医护人员，有人民警察，有志愿者，有建筑工人，有公交车司机……

余菲，23岁，每天至少在实验室连续8小时进行样本核酸检测。她所在的小组，每个班要完成900例样本检测。

徐卓立，19岁，大一学生，和父亲一起参与雷神山医院施工。他说："为防疫工作做点力所能及的事，这样的机会不是人人都有。"

陈强，23岁，公交车司机，无论下雨或下雪，每天开车往返于医护人员居住地和医院之间，默默守护医护人员。

贾娜，24岁，护士，曾因工作接触感染新冠肺炎，康复之后的她重新回到工作岗位，并毫不犹豫地选择了无偿献血。

他们都是新一代青年的缩影，他们身上体现出的正是我们这一代青年人的敬业精神与奉献精神。习近平总书记在给北京大学援鄂医疗队全体"90后"党员回信时深有感触地说："广大青年用行动证明，新时代的中国

---

①《习近平关于青少年和共青团工作论述摘编》，中央文献出版社，2017年，第4页。

青年是好样的，是堪当大任的！”[①]

作为医学生的我们，胸怀济世救人的初心选择医学院校，进入医学行业。从踏进医学大门的那一刻起，我们就时刻谨记医学生的誓言。未来，我们仍会共同坚守爱岗敬业、奉献青春的价值理念。

《雷锋日记》中有这样一段话：“如果你是一滴水，你是否滋润了一寸土地？如果你是一线阳光，你是否照亮了一分黑暗？如果你是一颗粮食，你是否哺育了有用的生命？如果你是一颗最小的螺丝钉，你是否永远坚守在你生活的岗位上？”[②]这是对敬业最生动的诠释和最美的注脚。我们要以此为信念，努力学习、刻苦钻研，练就过硬本领，践行敬业精神，放飞青春梦想！

（指导教师：杨才宽、王振龙）

①习近平：《新时代的中国青年是堪当大任的！》，中国网，http://fc.china.com.cn/2020-03/25/content_41102246.htm。

②《雷锋日记》，北京联合出版有限公司，2021年，第1页。

弘扬敬业精神　放飞青春梦想

王　鑫　李子涵　罗　璇

敬业，是我们的人生底色。韩愈在《进学解》中指出："业精于勤，荒于嬉。"敬业，是我们的坚守担当。《论语·子路》曰："执事敬，与人忠。"敬业，是中华民族的传统美德。

自古以来，历代圣贤就以敬业精神为尊，北宋程颐在《二程集·遗书》中曾指出："所谓敬者，主一之谓敬；所谓一者，无适之谓一。"故"敬"意即一心一意。敬业是一种态度，是人们对于一种职业全身心地投入而产生的热爱，是个人的理想憧憬和责任担当的完美结合。我们对它始终满怀敬畏、满怀信仰。

"共和国勋章"获得者钟南山，84岁高龄仍奋战在抗疫最前线，他提出的防治措施挽救了无数生命。"人民英雄"张伯礼，主持研究中西医结合疗法，推动了中医药事业的发展和创新。金银潭医院院长张定宇，用渐冻的生命对抗疫魔，托起无数人的生命与健康。中国工程院院士陈薇，带领团队研发重组新冠疫苗，为抗击疫情作出了巨大贡献。

在疫情中，安徽中医药大学也在第一时间采取行动，各类岗位工作人员严阵以待：后勤加强管理，减少人员流动，严格对校园内公共场所进行消毒；教师积极开展线上直播教学，并关心疫情下每一位学生的身体和心理状况；附属医院各科室医务人员坚守岗位，随时待命，认真对待每一位患者。

疫情肆虐，在决胜全面小康之年，扶贫干部的肩上担起了沉甸甸的重任。

施俊，是一名大学生村官，2012年来到屈原管理区凤凰乡，是乡镇扶贫工作的骨干成员。他坚定崇高的敬业信仰，一路带领乡民披荆斩棘，发家致富。同时，因为凤凰村易发汛情，施俊还主动接受了多年的防汛历练，淬炼成了一名优秀的"防汛老兵"。"只要是组织上交给我的工作，不论是脱贫攻坚还是防汛抢险，我都会尽力做到最好。"施俊坚定地说。一手抓防汛、一手抓脱贫，作为一名乡镇扶贫干部，施俊勇于担当、扛起"双责"，积极回应广大群众对生活安定、生产稳定的诉求。

双河口村党支部书记陈发平也是防汛前线的战士，他迅速有效地带领防汛突击队紧盯地质灾害点，处理一切应急工作，全力保障人民群众生命财产安全。陈发平忠实地履行自己作为党员干部的职责，这是基层干部顶天立地为生民立命的敬业操守。

"苟利国家生死以，岂因祸福避趋之。"新时代的敬业精神与高度的爱国热情融会贯通，于是我们见证了众志成城，勠力同心。在中国特色社会主义新时代，"敬业"这个词也在与时俱进，它被赋予了更加丰富的含义：爱岗敬业是职业道德的灵魂，既为个人奠定安身立命的基础，也为社会发展进步注入无穷活力。

红日初升，其道大光。乳虎啸谷，百兽震惶。习近平总书记十分重视青年工作，他说："中华民族伟大复兴的中国梦终将在一代代青年的接力奋斗中变为现实。"[①]作为新时代的青年，我们将走上工作岗位，去施展理想抱负、实现人生价值。那么作为未来开拓者的我们在新时代要如何培养

① 习近平：《决胜全面建成小康社会　夺取新时代中国特色社会主义伟大胜利——在中国共产党第十九次全国代表大会上的报告》，人民出版社，2017年，第70页。

敬业精神呢？首先，强化敬业意识。我们可以汲取榜样力量，学习典型人物，在思想和行动上向他们靠近。其次，积极参加实践活动，磨炼敬业意志。通过实践，了解社会、熟悉社会、服务社会，使我们的敬业意志不断得到磨炼。最后，制定职业生涯规划，精准定位未来的职业方向，激发潜在的工作热情。培养敬业精神，是个人生存发展的需要，更是时代发展的需求。

作为一名医学生，我将尽我所能学习医药知识，掌握专业技能。我将不彷徨、不迷茫、不懈怠，也将不负光阴、不畏困难，将青春与梦想托付给汗水，在未来的工作岗位上勇挑重担、砥砺前行，将生命与荣耀奉献给医药行业。

（指导教师：王晓宏、方悦）

筑梦青春　敬业奉献

唐书缘　王宇航

富强、民主、文明、和谐，自由、平等、公正、法治，爱国、敬业、诚信、友善，这是社会主义核心价值观的内涵，其中就包含敬业。敬，尊敬；业，学业、事业。什么是敬业精神？有些同学也许会迷茫。其实，我们根本不用迷茫，因为伟大先辈们已经为我们作出了榜样。

周恩来总理受到世界各地人民的称赞，他为了新中国呕心沥血，将敬业精神融入生活的方方面面。有一次，周总理连续工作了三个昼夜，白天又有七个会议，累得病又犯了，疼痛难忍，他就站起来用椅背抵住自己的腹部，以缓解疼痛，参会的同志请他坐下，他说自己不能坐，一坐下就睡着了。

同样让人敬佩的还有中国社会科学院社会学研究所前所长费孝通先生。费老在一次社会调查过程中，受到了心理和身体上的双重打击，但是他没有放弃，继续深入调查，终于写出了著名的《江村经济》，受到了极高的赞誉。

“宝剑锋从磨砺出，梅花香自苦寒来。”前辈们为工作奉献自我的敬业精神值得我们去学习、去践行，我们要在实践中深化认识，将我们的青春与汗水，奉献给我们热爱的事业。

我们应该紧跟时代的步伐，树立正确的三观，努力完善自己的人格品质，将敬业精神融入青春，将所学知识运用到未来的工作中，用自己的才智创造出最大的价值。

我们不仅要学习并发扬前辈们的敬业精神，更要抓住青春的大好时光，珍惜每一分每一秒，奋力将我们的梦想变为现实！

（指导教师：李新军、刘维婷）

扬敬业之帆　筑青春之梦

周安妮

何为敬业?《礼记·学记》中写道:"一年视离经辨志,三年视敬业乐群。"其中的敬业指专心学习。所谓敬业,即用尊敬、不怠慢、专心的态度去对待我们自己从事的学业、职业。

被周恩来总理誉为中国科学界杰出的"三钱"之一的钱伟长先生,很好地展现了敬业的模样。钱伟长毕业于清华大学,在清华大学入学考试时,物理只考了5分。由于他从来没有学过英语,所以英语考了0分。物理、化学、数学、英语一共只有25分,可见他的理科基础有多差。可他的文科都是满分。正是由于他文科考了满分,才被清华大学历史系录取了。在他被录取的第二天就爆发了震惊全国的九一八事变,消息传到热血青年钱伟长这里,他咬牙切齿、怒发冲冠。他说没有飞机,没有大炮,我们可以自己造嘛。他当即就下定决心,要学造飞机,造大炮。他去找系主任吴有训。这让系主任感到很为难,因为成绩就摆在那里呢,他不想断送这个文科生的大好前途。奈何热血青年钱伟长总是去找他。吴有训感动于这名热血青年的执着,于是提出让钱伟长在物理系先读一年,一年之后如果理科成绩都能达到70分,就同意让他转系。这一年,钱伟长除了吃饭、睡觉,其他时间精力都用在学习理科上。经过一年的时间,他最终在考试中每科都达到了80分，得到以严格著称的吴有训的肯定。后来他在留学期间与导师攻克了板壳内禀统一理论这一世界性的难题。他还用50天的时间完成了弹性板壳的内禀理论论文，并取得多伦多大学应用数学系博士学位。他是世界公认的奇异摄动领域的奠基人。这些成就给他带来了莫大的荣誉，但是他却放弃外国优越的生活条件，回到祖国，并作出非同凡响的贡献。国士无双，从一个物理只有5分的差生成长为一个享誉世界的科学家，其间经历的艰难困苦不是我们所能想象的。爱国、敬业这两个词在他身上体现得淋漓尽致。他的经历启示我们面对学业或工作中的困难不要畏惧，要心怀赤诚和热爱去攻坚克难、坚持到底。

敬业是新时代合格大学生必备的品质，通过敬业，我们可与社会、国家共同发展、共同进步！

（指导教师：王居华、王艺伟）

不忘初心共奋进　爱岗敬业复兴梦

屈圣杰　韩宝全　罗　靖

如何在平凡的岗位上实现自己的价值是一件值得思考的事情。我们认为，想要在岗位上实现自己的价值，首先就要做到敬业。

那什么是敬业呢？所谓敬业，最基本的就是要做好自己的本职工作。正如理学大师朱熹在《论语集注》中云："敬者，主一无适之谓。"敬业，即专心致志，心无旁骛。

20世纪60年代，时任兰考县委书记的焦裕禄就是敬业的典范。他全身心地投入改善兰考人民生活的工作之中，身先士卒地治理"三害"。他亲自调查、亲自研究、亲自劳作，始终在第一线活动，最终改变了兰考的贫困局面，造福了一方百姓。就在此时，他知道自己患上了癌症，但仍然坚持工作到生命的最后一刻。他被誉为"党的好干部"。这不正是对敬业最好的注脚与诠释吗？

2020年，面对突如其来的新冠肺炎疫情，广大医务人员白衣为甲、逆行出征，舍生忘死挽救生命。他们以对人民的赤诚和对生命的敬佑，争分夺秒，连续作战，承受着身体和心理的极限压力，很多人脸颊被口罩勒出血痕甚至溃烂，很多人双手因汗水长时间浸泡发白，有的同志甚至以身殉职。广大医务人员用血肉之躯筑起阻击病毒的钢铁长城，挽救了一个又一个垂危生命，诠释了医者的仁心和大爱无疆！身患渐冻症的武汉市金银潭医院张定宇院长说过，必须跑得更快，才能从病毒手里抢回更多病人。他们的行为不正是敬业的表现吗？

那么，我们又应该如何做到敬业呢？首先，要培养强烈的责任感。一个人无论从事什么工作，都必须有高度的责任心，这样才能真正做到把公事当作私事来做。不但要干好分内的工作，还要干好看似与己无关的边缘工作，并且要尽心尽力干出效果，只有这样才是对工作负责。其次，要树立终身学习的理念，既要刻苦钻研相关专业知识，又要广泛涉猎其他学科领域的知识，拓宽知识面，使自己成为一个博学多才的人。最后，要增强团结协作的意识。如果说单位是一个大家庭，那么每位员工就是家庭中的一员，纵使某一名家庭成员能力再强，一旦离开了集体的支持，也很难取得很大的成就。

我相信只要我们践行社会主义核心价值观，爱岗敬业，不忘初心，坚定信念向前冲，实现中华民族伟大复兴的中国梦便指日可待！

（指导教师：李忠萍、张旭）

爱岗敬业　筑梦未来

何珊珊

敬业的内涵

什么是敬业？敬业就是一个人对自己所从事的工作及学习负责任的态度。中华民族向来有“敬业乐群”“忠于职守”的传统。孔子主张“执事敬”，指做事严肃认真不懈怠；宋代大思想家朱熹也曾将敬业定义为“专心致志以事其业也”。如今，爱国、敬业不仅是中华民族的传统美德，也是社会主义核心价值观的基本内容之一，还是激励人们奋进新时代、开启新征程的光辉旗帜。

敬业的意义

从个人角度来说，敬业可以帮助我们创造和实现人生价值。我相信对很多人来说，王继才这个名字并不陌生。他30多年如一日，坚持以海岛为家，与孤独相伴，在没水没电、植物都难以存活的孤岛上默默坚守，坚信家就是岛、岛就是国，守岛就是卫国，把青春年华全部献给了祖国的海防事业。他在平凡的岗位上安心工作、专注本职，用忠诚书写了心有大我、至诚报国的价值追求；用坚守诠释了一个普通人以国为先、以身许国的人生理想；用无怨无悔的坚守和付出，在平凡的岗位上书写了不平凡的人生华章。

从社会层面来说，敬业是将爱国情怀转化为奋斗实践的具体要求，为指导人们在爱国奉献中推进伟大事业指明方向。什么是爱国？不同的行业、不同的岗位、不同的人群，会有不同的回答、不同的表现，有的轰轰烈烈、彪炳史册，有的默默无闻、甘于平凡。但无论做什么、在哪里，不管事业怎样、业绩大小，都要坚守岗位干好本职工作，把爱国情怀转化为履职尽责的工作热情。我们倡导弘扬敬业精神，就是希望人民可以把爱国之情化作不懈奋斗的动力，以报国之志书写新时代的华美篇章。

敬业的实现

也许有人认为，敬业是一个“高大上”的命题，离自己有点远，但其实不然，敬业就在每个人心中，每个人都应该热爱自己的工作，进而才能做到在自己的岗位上恪尽职守、任劳任怨。只有人人都多一份对本职工作的责任感和归属感，整个社会积极弘扬和践行敬业这一社会主义核心价值观，才能凝聚起实现中国梦的磅礴力量。

海阔心无界，山高人为峰。我们要把自己的梦想融入人民实现中国梦的壮阔奋斗之中，把自己的名字写在中华民族伟大复兴的光辉史册之上。那种为了梦想顽强拼搏、为了事业竭尽全力的敬业精神，将激励我们向着实现中国梦的伟大目标奋勇前进！

（指导教师：尤吾兵、胡静娴）

敬业志四海　共筑青春梦

盛菲涵

敬业精神从哪里来？从敬业典范的事迹中来！

青春梦想从哪里来？从同学们的实践中来！

那么，到底什么是敬业？敬业是一个人对自己所从事的工作理应持有的负责任的态度，是一个人对自己工作的基本尊敬。可以说，敬业是一种美德，乐业是一种境界。

在新冠肺炎疫情防控中有这么一群人，他们来自不同的岗位，却共同诠释了敬业精神。他们是一张张敬业福，也是一个个敬业人。这些可敬可爱的医护人员为了守护我们的安全，第一时间奔赴前线。他们响应生命重于泰山、疫情就是命令、防控就是责任的号召，长时间坚守在病区，戴着严密的口罩、护目镜，穿着闷热的防护服，为减少上厕所的次数连水都不敢多喝。他们始终坚信作为一名医生就要舍小家顾大家，恪守医德初心。这就是敬业人。

在疫情期间，不仅有奔赴前线的医护人员，也有保障百姓日常生活的普通人，他们就是风雨无阻的外卖配送员。习近平总书记曾多次点赞外卖小哥，他们为抗击疫情、保障民生作出了巨大的贡献，他们时刻坚守着自己的岗位，穿梭在城市的大街小巷，为人们送去药品和食品。他们是我们的摆渡人、护卫队，是我们的英雄骑士。

在疫情期间，我们的老师也是爱岗敬业的典范之一。由于学校深入贯彻停课不停学的政策，老师把讲台从教室搬到了直播间，面对巨大的改变，他们克服各种困难，一点点适应新的教学方式。他们认真备课，制作易懂的PPT，录制视频，以便学生学习。这些都是他们爱岗敬业的最好体现。

习近平总书记曾强调，“要大力倡导爱国奉献精神，使之成为新时代奋斗者的价值追求”①。作为新时代的新青年，敬业不仅是我们对职业的敬畏，更是我们人生最绚丽的底色，我们应该用行动展现青春风采，做一个实实在在的敬业人。

鲁迅先生曾说过这样一段话：“愿中国青年都摆脱冷气，只是向上走，不必听自暴自弃者流的话。能做事的做事，能发声的发声。有一分热，发一分光，就令萤火一般，也可以在黑暗里发一点光，不必等候炬火。”②愿我们每一位青年都能心怀梦想，脚踏实地，在未来成长的道路上，弘扬敬业精神，成就青春梦想！

（指导教师：梁祥凤、周婧晗）

①《习近平对王继才同志先进事迹作出重要指示强调　要大力倡导爱国奉献精神》，人民网，http://politics.people.com.cn/n1/2018/0806/c1024-30211760.html。

②《鲁迅全集》第二卷，江苏凤凰文艺出版社，2020年，第22页。

育敬业之心　谱青春之章

刘晓朦　李　勇　刘倩倩

敬业是一种高尚的思想情操，是社会主义核心价值观在公民个人层面的价值准则。我们要学会在敬业中成就自我，并在敬业中搭建个人与国家联系的桥梁。

一个民族要振兴，要腾飞于世界，必须有千千万万个献身建设事业的劳动者，这是一个国家兴旺发达、一个民族振兴强大的关键所在。对于一个人来说，以忘我的精神献身于崇高的事业、以昂扬的斗志为祖国发展而奋斗是人生最大的追求。

2019年3月，在四川凉山大火灾中，27名消防员不幸遇难，永远地留在了这场大火里，也留在了人民的内心深处。他们的职业是无数职业中的一种，他们也是无数平凡人中的一员。他们有家庭，有伙伴，也是血肉之躯。他们的敬业和忠诚，是职责所在，是人民所托。我们宣扬敬业精神，同时也是在探索平凡人的坚守，发现平凡生活中的感动。一寸山河一寸忠，一抔热血一英魂。他们"愿得此身长报国"的拳拳爱国之心必将转化为我们勇毅前行、续写荣光的强劲动力。

我们都知道，2020年中国乃至世界都面临着一场严峻的考验，那就是新冠肺炎疫情。新冠肺炎疫情发生以后，全国数万名医务人员不惧危险，奋战在抗疫一线。他们有的主动请战，写下“不计报酬，无论生死”的请战书；有的推迟婚期，立下“疫情不结束，我们不结婚”的誓言；有的亲人去世也没能看最后一眼、送最后一程，经受了忠孝难两全的考验。他们的付出换来了一个个患者的康复，换来了疫情防控形势的持续向好。身着铠甲，心有锦缎，他们用自己的行动诠释了抗击疫情的敬业精神——无论身处何处，只要国家有需要，就永不缺席。

作为一名大学生，就业是我们毕业后面临的第一个抉择。爱我们的职业，尊敬我们的职业，坚守我们的职业，尽全力做好本职工作，把职业利益和自身利益融为一体，不断提高自己的工作能力，是对我们的基本要求。古往今来，太多太多的优秀人物展现了他们对敬业精神的理解与践行，诸葛亮鞠躬尽瘁、死而后已，樊锦诗扎根敦煌、半生奉献，钟南山寿登耄耋、最美逆行。我们或许普通，或许渺小，但我们应学着不辜负、不放弃，坚持做好自己。对于当代青年来说，青春意味着一种生机勃勃、百折不挠的人生，意味着一种以天下为己任、甘于奉献的精神，也意味着一种为往圣继绝学、为万世开太平的理想。

“恰同学少年，风华正茂”，青春是我们独一无二的符号。弘扬中华民族传承至今的敬业精神并身体力行，是我们应有的思想觉悟，也是我们要在生活中真正坚守的行为。我们要让这种精神内化于心、外化于行，做到知行合一，不负青春，不负韶华，不负时代。

（指导教师：张文彬、王振龙）

扬敬业风帆　启民族之航

刘志强

《荀子·议兵》有言："凡百事之成也，必在敬之；其败也，必在慢之。"敬业是中华民族生生不息并走向繁荣富强的重要精神支柱。

2020年的新冠肺炎疫情给世界笼上了一层阴影。在新冠肺炎疫情阻击战中，人们都在贡献着自己的力量。我们看到许许多多年轻而坚毅的身躯在寒风刺骨的恶劣天气里穿行，他们来自不同的岗位，但有着"抗击疫情，共渡难关"的共同目标。医护人员、社区工作者、快递小哥、外卖骑手、志愿者……他们守岗敬业，克服各种困难，成为抗疫战场上忙碌又挺拔的英雄。

何为敬业？凡做一件事，便忠于一件事，将全副精力集中到这事上头，一点不旁骛，便是敬业。因为敬业，我们与时间赛跑，同病毒抗争。疫情暴发之初，处于疫情风暴中心的武汉收治能力告急。于是，三一重工、中联重科等国内工程机械巨头齐聚武汉，仅用十来天时间就建成"雷神山""火神山" 2座标准化医院，后又有16座方舱医院相继投入使用，一举实现了从"人等床"到"床等人"的逆转，再度刷新了中国速度。因为敬业，84岁高龄的钟南山院士连夜赶赴武汉。他曾说，医院是战场，作为战士，我们不冲上去谁上去？他的冷静、无畏、迎难而上的精神，令人敬仰，令人动容。

“君子务本，本立而道生。”作为新时代的大学生，我们对世界的认知逐渐趋于成熟，我们需以敬业之心，积极主动、认真负责地完成各项任务、战胜各种困难。当今世界宏观经济趋于新的发展常态，企业组织转型升级，变革发展必然会给我们的工作带来新变化和新挑战。这就要求我们怀有一颗赤诚的敬业之心，以动态变化的眼光看待日常工作，及时发现工作中的新变化，迎接工作中的新挑战，拓展工作新空间，作出工作新贡献。在日复一日以敬业实干精神持续工作的改进与创新中，我们会获得工作或自身专业发展方面的智慧洞见，逐渐成长为独当一面的专精人才，进而在组织和社会发展中彰显自身的独特价值，为实现中华民族伟大复兴尽一份力量！

敬业永远是我们航行中的风帆，是我们民族发展的强大动力，在这面风帆的助力下，我们定能到达理想的彼岸，收获精彩的人生！

（指导教师：王炤、张梅）

用敬业精神铸就青春梦想

秦梦奇

敬业，顾名思义，就是尊敬并专心致力于所从事的职业，且认识到这份职业给自己带来的能力的提升和成功的喜悦。儒家先哲告诫我们要始终勤奋、刻苦，为事业尽心尽力。朱子曰："敬者，主一无适之谓。"用现在的话讲，凡做一件事，便忠于一件事，将全副精力集中到这事上头，一点不旁骛，便是敬业。敬业，就是专心致志以事其业，即用一种恭敬严肃的态度对待自己的工作，认真负责、一心一意、任劳任怨、精益求精。

伟大的工作自然能够激发一个人的敬业精神。但是，如果让我们几十年如一日地从事一些普通的工作，如何能做到一直敬业呢？海尔集团创始人张瑞敏先生曾经说过这样一句话：把每一件简单的事做好，就是不简单；把每一件平凡的事做好，就是不平凡。默默工作为事业打好基础，这不是平庸的表现，只有从小事做起，把一份工作干到极致，才能积跬步至千里。所以，普通的工作同样需要并能激发敬业精神。古今中外多少有志之士把敬业视为人生的圭臬，他们带着智慧、带着敬业精神站在时代的浪尖。

2020年春节，一场疫情让我们更加深刻地领会到了敬业的内涵与真谛。疫情发生后，84岁的钟南山院士告诫大家新型冠状病毒可人传人，无特殊情况不要去武汉，但他自己却义无反顾地选择逆行赶往武汉最前线。2003年在“非典”最严重的时候，钟南山院士曾坚定地说：“把危重病人送到我这里来！”这句斩钉截铁、掷地有声，有血性、有担当的话语，不仅一下子稳住了医护人员队伍，同时也有效缓解了全国的紧张氛围，稳住了全国人民的心。十几年来，他这颗为人民服务的敬业之心始终未改，他这份为人民安全的坚守之志始终不变。还有更多的医护人员每天超负荷地工作着，为了节省紧缺的防护服，他们甚至一整天不敢喝水，尽量避免上厕所。他们用不辞辛苦、忘我工作的敬业精神诠释着医生救死扶伤的神圣职责。我们由衷地向他们致敬！没有生而英勇，只有选择无畏，这个世上没有从天而降的英雄，只有挺身而出的凡人。面对未知的风险，每个人都心怀恐惧，但是出于责任和担当，有些人选择了无畏逆行，这就是新时代的敬业精神！

医者仁心，就是在任何时候都不忘记自己的职责与使命，不放弃每一个生命。2020年4月5日下午，武汉的金银潭医院重症监护病房传来好消息：该病区年龄最大的一位患者，已经救治52天的85岁余奶奶康复出院。2月13日，身患高血压多年的余奶奶被确诊为新冠肺炎患者，随后被送往武汉市金银潭医院进行救治。3月中旬，江苏省人民医院援鄂重症医疗队接管金银潭医院重症监护病房时，余奶奶已经气管插管3周多。主管余奶奶治疗的医疗组组长李金海说：初见余奶奶时，她除了有新冠肺炎、高血压、气管插管外，还存在着多种耐药菌感染的情况。如果救治难度用五星表示的话，当时的治疗难度可以达到四星半！在这场极具挑战的攻坚战中，医务人员通力协作，全力救治，最终医治好了余奶奶的病。面对患者，不分贫富、性别、年龄，一视同仁，竭尽全力进行医治，这既是医生的职责所系，也是我们党执政为民之执政理念的体现。

敬业精神是时代的呼唤，作为一名医学生，我们既然选择了医学院校，选择了医生这个神圣职业，就要学习传承前辈的敬业精神，专心致力于自己所选择的专业，脚踏实地，认真学习，努力夯实专业基础，成就成为一名优秀医生的青春梦想！

（指导教师：杨立红、项银霞）

弘扬新时代敬业精神　成就青年人远大理想

李炳坤

敬业的内涵

敬业的重要内涵即奉献。奉献，原义是指恭敬地交付、呈献。李商隐说："春蚕到死丝方尽，蜡炬成灰泪始干。"一句话道尽敬业的真谛，十四个字写出敬业的最高境界——无私奉献！

无私的奉献意识是敬业精神的内核。能够为一项事业无私地奉献、不断地求索，即为敬业。敬业是一种纯洁高尚的精神境界。

习近平总书记指出："追梦需要激情和理想，圆梦需要奋斗和奉献。"①新时代强烈呼唤青年人的奉献精神，热切需要青年人的敬业精神。想要做到敬业，就需要无私奉献，全心全意为人民服务！

弘扬敬业精神

敬业是中华民族的传统美德。

---

① 习近平：《在北京大学师生座谈会上的讲话》，人民出版社，2018年，第3页。

中华民族是一个崇尚奉献的民族，也是一个颇具匠心、苦心琢磨的民族。在几千年的历史长河中，中国人民守望相助、勇于付出，留下了许多经典传说。这些传说很多都包含牺牲小我、成就大我的奉献精神。中国浩如烟海的文化典籍有许多更是体现了尽忠职守、无私奉献的敬业精神。许多经典名句，从不同侧面表达了人们对敬业的赞美。

弘扬敬业精神是新时代的强烈呼唤。

敬业没有“休止符”，任何时候都需要敬业。我们的时代与事业日新月异，但敬业爱岗是时代不变的要求。我们青年人要引领时代、续写辉煌，必须大力弘扬敬业精神。

第一，新时代青年人要实现远大理想，必须大力弘扬奉献精神、敬业精神。习近平总书记强调：“越是取得成绩的时候，越是要有如履薄冰的谨慎，越是要有居安思危的忧患。”[①]在实现中华民族伟大复兴的紧要关头，更需要我们不懈努力，坚守阵地。

第二，保持青年的先进性和纯洁性，必须大力弘扬敬业精神。计利当计天下利，求名应求万世名。青年人爱岗敬业，保持自身的先进性与纯洁性即为这个社会创造了良好的环境。

第三，形成正气充盈、昂扬向上的社会风气，必须大力弘扬敬业精神。敬业不仅是个人的规范，更应是社会的规范。社会的发展靠的是全体成员的努力，每个成员的幸福也离不开社会的发展进步。社会之所以不断地发展，就是因为有埋头工作、不断奉献的人。

大力弘扬敬业精神，是新时代进行伟大斗争、建设伟大工程、推进伟大事业、实现伟大梦想的必然要求。青年人应找准时代的脉搏、紧随时代的潮流，若与历史的发展背道而驰终将会被抛弃。

---

①《习近平谈治国理政》第三卷，外文出版社，2020年，第73页。

敬业的途径

一是用理想支撑奉献。理想是人生的灯塔。没有理想，人生就会偏离方向，工作就没有动力，也不能持久。只有树立起远大理想，才能心甘情愿地付出，才能在繁复的工作中感到充实和快乐。我们应把自己的工作视为很光荣、很崇高的事业，甘于奉献。

二是用奉献诠释敬业。当我们仰望星空时，有一颗星是中国人的骄傲和自豪之一，那就是“南仁东星”。它所纪念的南仁东先生，为事业奉献生命，二十年磨一剑终成大国工匠。

三是用实干践行敬业。要敬业、要吃苦，热爱岗位，以干为乐，求真务实，追求一流；要勤学、要善思，要担当、要作为，不怕困难，不怕矛盾，勇于创新开拓，勇于革除积弊，勇于同一切不良现象作斗争。幸福都是奋斗出来的，新时代注定属于奋斗者。我们这一代的青年，无论在哪个岗位，只要日复一日、月复一月、年复一年不懈奋斗，就一定能书写出灿烂的人生华章。

四是用淡泊彰显敬业。“非淡泊无以明志，非宁静无以致远。”工作中，尤其需要保持一颗平常心，正确看待个人得失，淡泊名利，克己奉公，不为私心所扰，不为名利所累，不为物欲所惑。

青年人站在时代的风口浪尖，想要实现人生的理想，就要看准时代的风向标，找准自身的方向。让我们一同宣誓，以毕生之力敬业爱岗，为人民群众的健康平安奉献！

（指导教师：李新军、刘维婷）

用敬业之心　圆青春之梦

王　京　苏子强　张玉胜

敬业是社会主义核心价值观的基本内容之一，也是社会主义职业道德的核心理念，即以认真踏实、恪尽职守、精益求精的态度对待自己的工作。

老子认为敬业首先要“乐其业”；子思认为敬业要“素其位而行，不愿乎其外”，意思是要专心于本职工作。敬业即专心致志以事其业，就是用一种恭敬严肃的态度对待自己的工作，认真负责、一心一意、任劳任怨、精益求精。

爱岗敬业是时代对我们的要求。只有具有爱岗敬业精神，努力学习新知识、新技能，与时俱进，我们才能跟紧时代的步伐，从而适应时代的发展。

既然敬业这般重要，那么如何才能做到敬业呢？

首先是乐业。乐业是敬业的基本要求。美国石油大王洛克菲勒曾在信中告诫儿子：如果你视工作为一种快乐，人生就是天堂；如果你视工作为一种义务，人生就是地狱[①]。要想把工作做好，首先就要乐业。乐业就是发自内心地热爱并热心于所从事的职业，把干好工作当成快乐的事。

---

① 张飘予:《从平凡到卓越》,中国经济出版社,2013年,第26页。

其次是勤业。勤业是敬业的体现。勤业就是忠于职守的责任心，认真负责的工作态度，刻苦勤奋的工作精神。勤业在于付出，长久的付出才能换得丰厚的回报。“打工女皇”吴士宏原本只是一个普通的医务人员，但她坚持为实现梦想而努力，付出了比同事多以数倍的努力和汗水，全身心投入工作中，最终脱颖而出，出任微软中国区总经理，实现了自己的梦想。

最后是精业。精业是敬业的终极目标。精业就是对本职工作精益求精，不断追求进步和创新。大国工匠许振超原本是一名普通的码头工人，但他勤奋好学，成了一名桥吊专家。许振超只上过一年多的初中，可他凭借勤学苦练，成了码头上人人知晓的“许大拿”，多次打破集装箱装卸世界纪录。“振超效率”令世人赞叹，“振超精神”名扬四海。“振超精神”是对精业的最好诠释。

梁启超先生说过，凡职业都具有趣味，只要你肯干下去，趣味自然会发生。做任何事都一样，需要有恒心、细心和毅力，如此才能到达成功的彼岸！

（指导教师：王居华、王艺伟）

敬业，成就青春梦想

王世雨　郭博圆　王　锐

在社会生活中，我们每个人都扮演着不同的角色。在学校，我们是学生；在家里，我们是父母的心肝宝贝；在岗位上，我们是设计房子的建筑师，是救人于大火的消防员，是与病魔争分夺秒抗争的医生……我们虽然在不同的岗位，扮演着不同的角色，有着不同的责任，但有一点是相同的，也是我们应该坚持的——爱岗敬业，尽职尽责。

敬业是什么？理学大师朱熹在《论语集注》中云："敬者，主一无适之谓。"从本质上来说，敬业精神是一种基于热爱而对工作、对事业全身心忘我投入的精神境界，也就是奉献精神。正是因为有了这种无私的奉献精神，我们的国家才能摆脱当初一穷二白的历史，迎来今天国泰民安的新局面。电影《我和我的祖国》中有这样一个故事：1964年，由于原子弹研发工作的极高保密度，同事之间甚至都不知对方的姓名。三年未与家人联系的国防科技战线的科研工作者高远因病离岗后，在公交车上偶遇曾经的恋人方敏。在国家大爱和情侣小爱之间，那一代科研工作者选择了前者，于是人生从此只有相遇，再无相聚。这只是一部近两个半小时的电影，却真实地反映了那一代人的敬业精神——忠于自己的职业，舍小家顾大家。

2020年初，新冠肺炎疫情席卷全国，全国人民都笼罩在疫情的恐慌之中。可就在这时，有一群人挺身而出，他们是医生、护士、志愿者、司机……他们有一张张可爱的脸，他们有一双双无比温暖的手，他们的职业或许微不足道，但是在这场战疫中，他们都在尽心尽力地贡献着自己的力量，认认真真地发挥着自己的作用，做一个个隐姓埋名的“螺丝钉”。同时，值得注意的是，在一批批驰援武汉的队伍中，有许许多多“90后”“00后”。他们用行动证明了什么是青春与梦想同在，什么是敬业与家国同行。这岂不是当代青年责任与担当的最好诠释？

对于我们大学生来说，毕业后虽然从事不同的职业，追逐自己不同的梦想，但都应以敬业为核心，将个人的梦想和中国梦结合起来。明代大儒王阳明先生曾言：“立志而圣则圣矣，立志而贤则贤矣。”习近平总书记也曾寄语当代青年：“青年的人生目标会有不同，职业选择也有差异，但只有把自己的小我融入祖国的大我、人民的大我之中，与时代同步伐、与人民共命运，才能更好实现人生价值、升华人生境界。离开了祖国需要、人民利益，任何孤芳自赏都会陷入越走越窄的狭小天地。”①因此，我们要将敬业精神融入国家与社会发展之中，不断开拓创新，奋发有为。

未来属于年轻一代，青年有梦想、有担当，国家就有希望。梁启超先生在《少年中国说》中曾说：“少年智则国智，少年富则国富，少年强则国强。”少年能秉承家国情怀，勇担时代重任，践行敬业精神，中华民族之复兴便大有希望！

（指导教师：张文彬、王振龙）

① 习近平：《在纪念五四运动100周年大会上的讲话》，人民出版社，2019年，第7页。

敬业爱岗　青春飞扬

吕文慧　赵玉慧　周文祥

《雷锋日记》中有这样一段话："如果你是一滴水，你是否滋润了一寸土地？如果你是一线阳光，你是否照亮了一分黑暗？如果你是一颗粮食，你是否哺育了有用的生命？如果你是一颗最小的螺丝钉，你是否永远坚守在你生活的岗位上？"①这段话告诉我们，无论做着什么样的工作都要热爱自己的岗位，都要发挥作用，都要作出自己的贡献，用两个字概括就是"敬业"。

敬业的内涵和表现

其实，任何一个人都能做到敬业。不能长成参天大树做栋梁之材，不妨做一棵小草为大地献上一丝新绿；不能像海洋一样用宽阔的胸怀拥抱百川，不如化作一条小溪滋润孕育我们的土地；不能成为天之骄子，何不传承爱岗敬业的精神，为社会的健康发展作出应有的贡献呢？

爱岗敬业说得具体点就是要做好本职工作，把一点一滴的小事做好，把一分一秒的时间抓牢。不积跬步，无以至千里；不积小流，无以成江海。从我做起，从小事做起，从现在做起，把自己的理想、信念、青春、

---

①《雷锋日记》，北京联合出版有限公司，2021年，第1页。

才智毫不保留地奉献给自己的事业，就是敬业！

说到敬业，不得不提钟南山院士。2003年领战“非典”，17年后再战新冠，当所有人都“谈疫色变”时，这位84岁高龄老人却选择逆行而上。钟南山院士本来可以避开直面病毒的危险，安度晚年，但在人民最需要他的时候，他站了出来。2003年，他曾坚定地说：“把危重病人送到我这里来！”这斩钉截铁的话语，带给全世界无比的震撼。17年，他这颗为人民服务的心始终未改，为人民安全努力的志始终未变。

一个国家不光需要冲锋陷阵、功勋卓著的英雄，也需要众多默默付出、恪尽职守的普通劳动者。他们没有耀眼的文凭，却有将纸薄的钢板焊接得无漏点的能力；他们没有显赫的地位，却有着能将密封精度控制到头发丝五十分之一的技艺；他们没有大众的关注，却默默地在自己的岗位上潜心磨砺。恪尽职守、精益求精、无私奉献，是他们共同的精神底色。靠着对职业的坚守和热爱，他们在平凡的岗位上实现了不平凡的价值。

敬业爱岗与青春梦想

韩愈在《进学解》中指出：“业精于勤，荒于嬉；行成于思，毁于随。”历史和人民不会忘记像袁隆平、钟南山这样的奋斗者，不会忘记为了梦想顽强拼搏、为了事业竭尽全力的敬业者。爱岗是我们的责任，敬业是我们的本分，青春是我们的资本。海阔心无界，山高人为峰，让我们满怀激情和希望，敬业爱岗，把自己的梦想融入人民实现中国梦的壮阔奋斗之中，把自己的名字写在中华民族伟大复兴的光辉史册之上！

青春是读不完的历史长卷，奉献是心灵深处的交响乐！让我们献出自己的热情，如骄阳之炽热，如春花之绚丽；让我们踏踏实实做好每一件事，飞扬我们的青春！

（指导教师：尤吾兵、胡静娴）

高山景行篇

专心致志　以事其业

阮静茹

习近平总书记曾指出："'不惰者，众善之师也。'在长期实践中，我们培育形成了爱岗敬业、争创一流、艰苦奋斗、勇于创新、淡泊名利、甘于奉献的劳模精神，崇尚劳动、热爱劳动、辛勤劳动、诚实劳动的劳动精神，执着专注、精益求精、一丝不苟、追求卓越的工匠精神。"[①]习近平总书记讲的劳模精神、劳动精神、工匠精神，其实也是敬业精神的重要内涵。"业"本指学业，也可以理解为所从事的职业、工作及分内之事，敬业即指认真恭敬地对待自己的分内之事。在新时代，只要我们每个人都立足于平凡的岗位，尽职尽责、甘于奉献，就能汇聚起强大的能量，为社会主义现代化事业注入蓬勃生机与活力。

"禾下乘凉梦，一梦逐一生"是袁隆平爷爷一生的真实写照。2021年5月22日，这位91岁的老人走了。这位自称"90后"的老人曾在接受采访时表示：希望稻子像高粱那么高，稻穗像扫把那么粗，籽粒像花生米那么大，农民可以坐在稻子下乘凉。为了这个梦想，袁老孜孜以求了一生。1953年，袁隆平从西南农学院毕业后就下定决心要解决粮食增产的问题，不让老百姓挨饿。在这条艰辛的探索路上，面对诸多反对、质疑、失败与

① 习近平：《在全国劳动模范和先进工作者表彰大会上的讲话》，人民出版社，2020年，第4页。

挫折，他日复一日地坚持着。即使生病住院，袁老最牵挂的还是试验田里的水稻。他每天都问医务人员："天晴还是下雨？""今天气温有多少度？"有一次，护士回答28℃，袁老急了："这对第三代杂交稻成熟有影响！"正是袁老几十年如一日的坚守才取得了非凡的成就，"东方魔稻"如今已在全球40余个国家种植800余万公顷，为解决全球粮食危机贡献了中国力量。

"我是一名医生，更是一名战士，只要我活着一天，就要和肝癌战斗一天。即使有一天倒在了手术台上，也是我最大的幸福。"他是一匹不知疲倦的老马，把病人一个一个驮过河。从医70多年，他主刀完成包括我国第一台中肝叶切除术在内的16000多例重大肝脏手术，救治20000多名患者，在97岁高龄之际，还完成了一台高难度的手术。这在医学界是一个几乎难以复制的奇迹。他就是被称为"中国肝胆外科之父"的吴孟超院士。由于常年握手术刀，他的右手食指已经严重变形，因常年手术时用力抓地，他的双脚的第二个指头"默契"地压在了大脚指头上。与吴孟超搭档30多年的护士长程月娥回忆说：一次手术后，吴老靠在椅子上休息，胸前的手术衣已经湿透，两只胳膊支在扶手上，轻轻地叹气道，"如果哪一天我真的在手术室里倒下了，记住给我擦干净，不要让别人看见我一脸汗的样子"。孙思邈曾道："人命至重，有贵千金。"在医学领域，吴孟超院士用身体力行深刻诠释了敬业的真义。吴老对事业的无限热爱与执着，将一直给我们以鼓舞和鞭策！

每代人有每代人的使命，每代人有每代人的担当。古有心系治水、因公忘私、三过家门而不入的大禹，有"鞠躬尽瘁，死而后已"将一生都奉献给汉室的诸葛孔明；中华人民共和国成立后，涌现出焦裕禄、任长霞、叶欣、张桂梅等一批批无私奉献、爱岗敬业的道德模范。共和国的宏伟大厦是由每一个行业、每一个岗位、每一个个体的"砖瓦"筑成的，无论是

“最美医务工作者”“最美志愿者”，还是“最美高速收费员”……无一不在平凡的岗位上坚守着自己的初心，践行着自己的使命。

未来属于青年，希望寄予青年，在向着全面建成社会主义现代化强国的第二个百年奋斗目标迈进的重要时期，我们青年一代要同心向党，矢志复兴，以身边的敬业代表为榜样，立足于本职工作和分内之事，在平凡的岗位上不断发扬探索精神，开展创造性活动，热爱祖国，奉献人民，不负时代，不负韶华，不负党和人民的殷切期望！

（指导教师：聂多伟）

抗疫英雄为榜样　敬业精神永流传

蔡悦昇　李天辰　储鹏程

2019年3月18日，习近平总书记在学校思想政治理论课教师座谈会上强调："会讲故事、讲好故事十分重要，思政课就要讲好中华民族的故事、中国共产党的故事、中华人民共和国的故事、中国特色社会主义的故事、改革开放的故事，特别是要讲好新时代的故事。讲故事，不仅老师讲，而且要组织学生自己讲。"①作为新时代的大学生，在老师的指导和组织下，我们有责任讲好中国故事，讲好新时代的故事，讲好社会主义核心价值观的故事，讲好社会主义核心价值观之敬业的故事。

敬业，通常指一个人对自己所从事的工作十分负责、恪尽职守的态度和行为。日常工作中虽不乏兢兢业业之人，但能在大灾大难时，勇往直前切实践行敬业精神的人更为难能可贵，他们是我们学习的榜样。

2020年初，新冠肺炎疫情来势汹汹，这是近百年来人类遭遇的影响范围最广的全球性大流行病。疫情伊始，处于疫情重灾区的湖北急需专业医疗力量的支援。安徽省卫健委发出组派医疗队援助湖北疫情的函后，请战书上写满了年轻的名字，请战消息也是一条接一条发出："我是共产党员，让我上！""家里安排妥当，随时准备出发！""假如党组织同意我的请求，

① 习近平：《思政课是落实立德树人根本任务的关键课程》，人民出版社，2020年，第22—23页。

我定将不辱使命，请党组织放心！”如此坚定而暖心的话语，融化了初春的寒意。尽管在凶险的疫情面前，他们面对着太多的未知，在没有硝烟的战争面前，他们面对着太多的危险，但是身上的敬业精神告诉他们绝不能退缩。他们主动请缨，共克时艰，冲在疫情防控阻击战的最前线，彰显了新时代医务工作者的责任担当与敬业精神。

安徽中医药大学第一附属医院积极响应，大批医护人员主动申请加入安徽省援鄂抗疫医疗队出征湖北。他们奋斗在抗疫最前线，谱写了一曲团结一心、抗击疫情的动人赞歌。安徽中医药大学第一附属医院支援湖北医疗队队员赵红，因表现突出、贡献杰出，荣获“全国卫生健康系统新冠肺炎疫情防控工作先进个人”称号。

“挺住，赵！加油，赵！”这是杨勇在朋友圈对其即将走上抗疫一线的妻子赵红的祝福，感动了无数人。

其实，这要追溯到2008年5月16日，时任安徽中医药大学第一附属医院副护士长的赵红给爱人杨勇发了这样一条短信：“我已被抽调到省第二批赴川抗震救灾医疗队了！”杨勇回复：“挺住，赵！加油，赵！”

赵红原本答应自己正在上高中的女儿，尽量少出差，给予她更多的陪伴。可是，抗疫形势严峻，容不得一丝耽搁，女儿理解并支持妈妈的决定。赵红70多岁的老母亲，在得知女儿即将奔赴一线的消息之后，也给予了坚定的支持。正是有了家庭作为坚强后盾，这位最美天使的千里逆行才能毫无后顾之忧。

在关键时刻，赵红身上的敬业精神告诉她，必须认清严峻形势，要有舍小家顾大家的意识，甚至要有“牺牲我一个，幸福千万家”的思想觉悟。

战疫期间，赵红的日常工作主要就是现场引导战友们进舱、出舱。这是一份看似简单，实则需要极大的耐心以及极度的细心的工作，是保障战友们生命安全的关键环节，容不得一丝马虎。更加难能可贵的是，每次帮战友们做好入舱准备后，她都会给他们鼓劲加油。最终，赵红凭借自己优异的表现和傲人的成绩，交出了一份合格的答卷。

在抗疫最前线，赵红把敬业精神融入自己的实际行动当中，夜以继日、忠于职守，用自己的扎实技能和专业能力与病魔斗争，彰显着责任担当。作为新时代医药院校大学生的我们应当以赵红这样的抗疫英雄为榜样，学习她身上的敬业精神，并把这种敬业精神内化于心、外化于行，为中国特色社会主义伟大事业作出一份属于自己的贡献。

（指导教师：郭跃、王满）

爱岗敬业　无私奉献

范　爽

社会主义核心价值观涵括国家、社会、个人三个层面，敬业属于个人层面的道德规范，是对公民职业行为准则的价值评价。它要求公民忠于职守、克己奉公，服务人民、服务社会，充分体现了社会主义职业精神。

职业与敬业

职业是指人们由于社会分工所从事的具有专门业务和特定职责，并以此作为主要生活来源的社会活动。而敬业则是在职业活动领域，树立主人翁的责任感、事业心，追求崇高的职业理想，简单来说就是恪尽职守、认真踏实、精益求精的工作态度。

疫情中的敬业者

2020年初，一场突如其来的新冠肺炎疫情打破了欢乐祥和的节日氛围。从1月27日紧急驰援武汉到3月中旬，国家中医医疗队对新冠肺炎疫情重症患者的积极救治呈现出显著疗效。第二批国家中医医疗队队长叶永安教授说，国家中医医疗队就要啃硬骨头。在抗疫期间，为了采集到第一手资料，叶永安教授团队进入ICU病房查房。这也是湖北省中西医结合医院新冠肺炎危重症患者首次接受中医查房。回望这段特殊的抗疫时光，湖北省中西医结合医院负责人对北京中医团队的敬业精神表示了由衷的感谢。

白衣执甲，逆行而上，没有从天而降的英雄，只有挺身而出的凡人。哪有什么岁月静好，只不过是有人替我们负重前行罢了。疫情中还有许多这样的敬业者，他们是交警、是环卫工人、是外卖小哥……他们身上都展现出了爱岗敬业。

爱岗敬业与奉献精神

央视《大国工匠》讲述了胡双钱、张冬伟、顾秋亮等工匠的故事，他们数十年如一日地追求着职业技能的极致化。靠着传承和钻研，凭着专注和坚守，他们完成了一个又一个的中国制造。

爱岗敬业应是一种普遍的奉献精神，只要是在自己的工作岗位上认真负责，尽心尽力，遵守职业道德，就是一种普遍的奉献精神。

在我们国家，如果每个人都能够表现出这种奉献精神，我相信人民会更加富裕，国家会更加繁荣昌盛。爱岗敬业是平凡的奉献精神，因为它是每个人都可以做到的，而且是应该做到的；爱岗敬业又是伟大的奉献精神，因为伟大出自平凡，没有平凡的爱岗敬业，就没有伟大的奉献。

敬业有我

敬业是社会主义核心价值观在公民个人层面的价值准则，应是我们在工作和学习中始终贯彻的价值理念。一个人的价值取向是其人生进步的动力所在，它决定了人生的高度和宽度。我们要时刻以敬业为要求、为动力，在自己平凡的岗位上，实现不平凡的价值目标。

（指导教师：任健、石玥）

从逆行者中汲取敬业精神

程　璐　尹　航　陈佳乐

新冠肺炎疫情暴发时，医护工作者在医疗前线承担着巨大的压力与责任。有位名叫单霞的女同志，为了更好地投入工作将一头秀发剃光。面对“光头护士”的外号，她说头发没了可以再长，对她而言当务之急是更好地投入工作。

敬业是什么？敬业是护士姑娘剃光头发逆流而上的勇敢模样，是医护工作者们义无反顾地奔赴前线的责任担当。敬业是什么？敬业是不计生死，全力以赴。

平凡的他们用实际行动诠释着守土有责、守土尽责。逆行队伍中不乏“90后”青年医护工作者的身影，在医疗资源紧张的情况下，他们的奔赴大大缓解了疫情防控的压力。那些洋溢着青春的脸庞，那些坚定的眼神，还有那些直击心灵让人潸然泪下的话，传递了他们的决心和敬业精神。

青年志愿者们也积极奉献着自己的青春力量，成为疫情防控中不可忽视的重要力量。他们大部分还是在校大学生，有的志愿参加社区的人员排查工作，疫情期间协助社区工作；有的身处武汉，承受着更多的压力，冒着更大的风险。他们绽放的热血青春是对敬业精神最好的诠释。

疫情中前辈们在各自岗位上兢兢业业保民安康，青年工作者们也自告奋勇，积极奉献着无悔的青春力量。作为医学生、未来的医护工作者，我们应该汲取他们身上彰显的敬业精神，高扬吾辈青春梦想。我们应从树立目标、端正态度、落实行动三个方面着手。目标使人明确，态度使人踏实，行动决定成果。作为医学生，掌握每个知识点，打下扎实的专业功底，这是一种敬业；将来成为一名医护工作者，认真对待每一个患者，尊重每一个个体生命，亦是一种敬业。愿我们年少苦学终实现青春梦想，铸能力之刃刻敬业之花！

（指导教师：许明华、石玥）

为爱坚守　“疫”同守护

管俊杰　陈　颖　余东华

“敬业”一词最早出自“敬业乐群”这个成语，指对自己的事业尽职尽责。敬业是中华民族的传统美德，也是党的十八大提出的社会主义核心价值观的基本内容之一。

己亥末庚子初，面对突如其来的疫情，一些人逆向而行，前往疫情防控第一线，毅然投入这场没有硝烟的战争中。

“敬佑生命、救死扶伤、甘于奉献、大爱无疆。”这是梁斌在武汉抗疫时的真实写照。作为杭州市医疗队队长，他默默地在抗疫一线发挥着自己的作用。回首52天的严峻考验，他深深体会到：面对疫情，救死扶伤是医生的职责；面对困难，挺身而出是共产党员的责任。

而像梁斌一样的人还有很多，比如彭银华，一个普通的医护人员，本该与相爱的人喜结良缘，但因疫情不得不推迟自己的婚礼，奔赴抗疫一线。令人痛心的是这一去便成了与家人的永别，与爱人的阴阳永隔。再比如耄耋之年仍奔赴一线的钟南山院士，古稀之年坚守岗位的李兰娟院士。

还有一些人他们不是医生护士，不是人民警察，他们和我们一样都是普通平凡的人，但在这个特殊的时期，他们也走上了疫情防控第一线，成为这个战场的坚守者。

有这样一群人，在得知社区招募志愿者的消息后，第一时间报名参加，坚决服从社区安排，哪里需要就去哪里，在疫情防控一线默默地奉献。他们走街串巷，不辞辛劳，在这个特殊时期为人民群众守住一方安宁，每一寸土地上都留下了他们的脚印。在隔离点无人送饭、消毒、打扫卫生的情况下，他们主动请战，穿上防护服，与医护人员一同进行全面消毒作业，用执着的奉献和敬业精神为人民群众筑起一道安全防线。

都说中国人是“基建狂魔”，可以用神一般的速度建成一所医院。其实我们都知道，哪里有什么奇迹，不过是为了生命争分夺秒罢了。中国速度背后凝结着7500名建设者共同的努力。除夕夜春晚刚开始，结束了一年辛苦工作的工人们刚吃上一口热乎饭，一听说要去建医院，立马放下手里的碗筷，火速奔赴泥泞的工地现场。

我们虽然不知道口罩下的你是谁，但我们却知道你为了谁；虽然未曾见过你的面容，但知道你一直在“疫”线战斗。致敬所有逆向而行的医护工作者，致敬在大街小巷执勤站岗的夜归人，致敬那些不曾留下姓名的捐赠者、默默坚守者。作为青年，学好专业知识、掌握专业技能，我们责无旁贷！

（指导教师：凡樊、汪媛）

爱岗敬业——平凡与伟大

吕 倩 王清萍 吴冰雨

爱岗敬业是人类社会最为普遍的奉献精神，看似平凡实则伟大。风雨无阻的环卫工、舍家为国的消防员、披星戴月的巡警……他们身上拥有一种共同的精神——敬业。

敬业精神的内涵

敬，原是儒家哲学的一个基本范畴。孔子主张人在一生中始终要勤奋、刻苦，为事业尽心尽力。他说过“执事敬”“事思敬”“修己以敬”等。古往今来，事业上有所成就者大都离不开两条：一是有强烈的事业心和责任感，二是锲而不舍地努力。

敬业是社会主义核心价值观在公民个人层面的价值准则。敬业精神是一种实践性的文化精神。

敬业精神的核心

敬业精神的核心即为人民服务。抗疫报告剧《在一起》讲述的就是平凡人挺身而出参加武汉抗疫，为人民服务彰显敬业精神的故事。

《生命的拐点》这一单元，讲的是武汉传染病医院全体医护人员在疫情暴发初期面对完全未知的病毒齐心守住抗疫第一线，创造“拐点”的故事。张嘉益饰演的角色原型是武汉金银潭医院的院长张定宇。他在身患渐冻症的情况下，拖着僵硬的双腿，坚守在一线实施救援，带领全院干部职工前后救治了2800余名患者。

《摆渡人》单元中辜勇的原型是疫情暴发初期无数选择贡献自己微薄力量的普通人。他们是奔走在城市里的外卖小哥、快递小哥、志愿者的合体。在武汉封城期间，他们戴着口罩，穿梭在空空荡荡的街头，为大家送菜送米、送水送药；他们做志愿者司机，免费接送医护人员上下班；他们甚至还是“食堂大叔”，为素不相识的志愿者提供一日三餐。即使不被家人理解，他们也始终坚持。

就像剧里说的那样，我们是一群最最普通的人，每天干着最最普通的事。但当这个世界都停下来的时候，我们还能坚持做这个最普通的事，它就有了不一样的意义。

现实生活中，疫情面前，有太多太多的普通人，他们不计得失，不顾安危，成了维系城市正常运转的摆渡人，竭尽所能地保护着城市，守卫着这里的人们。医护人员的尽职尽责，外卖小哥的无私奉献，都是敬业精神的体现。

敬业精神与生产力

从2020年1月24日到2020年2月2日，仅仅10天，一座设计科学、设施完善的医院便拔地而起。中国速度的背后是中国人民面对困难齐心协力、勤奋敬业的力量。4000余名建筑工人24小时轮班施工，近千台大型机械设备昼夜不停运行。当人们已经进入梦乡的时候，这些无名的英雄仍坚持奋战在建设一线，最长的工作时间甚至超过20个小时。当全世界都在惊叹中国速度时，我们更应该感谢那7500余名建设者的昼夜奋战，是他们用个人的“敬业福”换取了我们所有人的“平安福”。

敬业精神与生产力是相互关联的，敬业精神越突出，创造能力越强，对生产力发展的推动作用也越大。

敬业精神的培育与践行

践行敬业精神是我们的使命与担当，是社会发展的动力。新时代敬业精神的践行，仍面临一些负面思想的冲击，我们要不断培育和倡导尽职尽责的敬业精神。

美好生活的实现，得益于每一个普通人的辛勤劳作，让我们团结一心、努力拼搏，践行敬业精神，实现自我价值！

（指导教师：凡樊、汪媛）

敬业爱国——弘扬抗美援朝精神

丁义凡　江　伟　黎梦青

抗美援朝战争的胜利有着诸多意义，如打破美帝国主义不可战胜的神话，为新中国创造相对稳定的和平环境，等等。2020年是抗美援朝战争胜利70周年，铭记抗美援朝精神实属必要，正如习近平总书记指出："伟大抗美援朝精神跨越时空、历久弥新，必须永续传承、世代发扬。"[①]

我们可以从抗美援朝精神的两方面——爱国主义精神和革命忠诚主义精神中提取出爱国与敬业这两个要素。爱国主义精神是根本，是革命忠诚主义精神的源头。也就是说，有了爱国主义精神的支撑，才会有志愿军将士的忠于职守。这提醒我们，爱国与敬业是一个不可分割的整体。

爱国必须敬业，敬业就是爱国，敬业与爱国紧密相关。同时，二者还有许多共同之处。敬业的特点在于忠诚，爱国则需要把忠诚放在首位；敬业的魅力在于执着，爱国则需要我们奋楫笃行、持之以恒；敬业的要求在于认真，爱国也要求我们严肃认真、一丝不苟；敬业的实质在于奉献，离开奉献精神哪里还有爱国？我们常常把敬业与爱岗联系在一起，敬业说到底就是在国家需要的各个工作岗位上各司其职。站好岗，放好哨，做好

① 习近平：《在纪念中国人民志愿军抗美援朝出国作战70周年大会上的讲话》，人民出版社，2020年，第7—8页。

工，种好地，其实就是和平时期最基本、最朴素、最大的爱国。

爱国与敬业在安徽中医药大学第一附属医院童佳兵老师身上都有着鲜明的体现。正如童老师自己所言：大年三十，他向医院提出申请，支援湖北。正月二十七他终于如愿到了武汉天河机场。和他一起的，还有来自全省66家医院的共170名队员。他还有个身份——安徽省支援湖北第七批医疗队领队。这也意味着他肩上有双重使命：一是发挥中医优势，尽力救治患者；二是把大家健健康康带去，平平安安带回。

在紧张的抗疫工作中，疫区的实战培训是当务之急。防护服的穿与脱，医院电脑的操作，具体救治方案，都要培训。有年轻的队员进入污染区前不断问他，防护服破了怎么处置，护目镜起雾了怎么办……队员的连续发问都是因为紧张，他感同身受，但作为领队，他只有带领队员奋勇向前。

在武汉工作的日日夜夜里，童老师充分发挥中医药优势，中西医结合治愈了大量患者，博得了一片好评。这就是一名党员、一名医生的使命和担当。他是爱国与敬业的代表，也是我们大家学习的榜样。

作为一名医学生，我们可以通过努力学习专业知识，来为祖国未来的医疗事业添砖加瓦。

伟大抗美援朝精神是弥足珍贵的精神财富，必将激励中国人民和中华民族克服一切艰难险阻、战胜一切强大敌人；而爱国与敬业，也必定会促进我们国家的进一步发展繁荣！

（指导教师：张文彬、王菡文）

那可爱的人

杨　赫　赵文钊　张　娣

何为敬业

敬业是一个道德范畴，是一个人对自己所从事的工作负责的态度。道德是人们在不同集体中，为了集体的利益而约定俗成的应该做什么和不应该做什么的行为规范。

何以敬业

2020年1月24日，大年三十团圆日，武汉同济医院医生们的年夜饭火遍全网。他们的年夜饭十分简单——泡面和一些速食。大年三十，在医院里吃着冰冷的速食，却乐呵呵地给我们拜年，祝我们身体健康，这就是疫情一线的医生。

其实，新冠肺炎疫情暴发之后，感人的事迹还有很多。“人民英雄”张定宇用渐冻生命与死神竞速。“我身后都是老百姓，我要守护我必须要守护的人。”这是江西省安义县新民乡向家坪社区党支部书记何致忠在疫情中经常挂在嘴边的话，一句简单而朴素的话道出了他在危难时刻的责任感和担当。

疫情尚未结束，洪水又来袭。中国南方许多地方被暴雨袭击，发生了非常严重的洪涝灾害，牵动着老百姓的心。为保护人民群众的生命财产安全，人民子弟兵毅然逆流而上，和来势凶猛的洪水正面交锋。

2020年7月22日，安徽庐城消防救援站接到求助电话，巢湖石大圩发生决口，多处被淹，受灾面积大，数千群众被困。得知消息后，陈陆和队员们携带救生装备，驾驶4艘橡皮艇赶到现场救援。据庐城消防救援站副站长常青回忆，救援中得知连河村有1名残疾人被困，他和陈陆等消防员乘坐橡皮艇向村子赶去。快到目的地时，溃坝决口扩大，水流愈加湍急。陈陆同志挺身而出实施救援，最后在洪水中牺牲。经过49个小时的搜救，陈陆的遗体终于被找到。7月27日，安徽省应急管理部批准陈陆同志为烈士。我们深感惋惜的同时，对陈陆同志肃然起敬，他是人民的英雄。消防员是最可爱的人，是可敬的人，是保家卫国的人；他们也是父母的心头肉，是初长成的大孩子。

以身敬业

身为当代青年，我们应该怎样以身敬业呢？第一，敬业必须精业。要做到熟悉和精通业务，掌握专业知识技能，争取在各自的岗位上有所成就。第二，敬业必须爱岗。正所谓干一行爱一行，只有满怀对岗位的热爱，才能更好地敬业。第三，从小事做起。认真对待工作中每一件琐碎的小事就是最好的敬业。

正如鲁迅先生所说：愿中国青年都摆脱冷气，只是向上走，能做事的做事，能发声的发声，有一分热，发一分光。

（指导教师：张文彬、王振龙）

爱岗敬业　鞠躬尽瘁

宋雨欣　金子荧

“鞠躬尽瘁，死而后已”出自三国蜀相诸葛亮的《后出师表》，短短八个字很好地概括了诸葛先生的一生。为报刘备三顾茅庐的伯乐之恩，诸葛亮中年出仕，辅佐刘备借荆州，取巴蜀，建立蜀汉政权，而后又临危受命辅佐刘禅，最终病死五丈原。可以说，诸葛亮是敬业的表率，而他写下的“鞠躬尽瘁，死而后已”则是敬业的最高境界。

敬业是中华民族的传统美德。早在春秋时期，孔子就主张“执事敬”“事思敬”。当代中国，敬业被纳入社会主义核心价值观。

那么，何谓敬业？“敬”是一种态度。宋代理学家朱熹的阐释是“敬者，主一无适之谓”。意思就是，专心致志、严肃认真地去做一件事。“业”则是人类所从事的一切促进人类生存与发展的劳动与工作。敬业，就是一个人对所从事的学习与劳动认真严肃、负责敬畏的态度，更深一步说，就是勤奋执着，全身心投入，鞠躬尽瘁、死而后已的奉献精神。这种精神是每个领域、每个行业的成功者所必备的，而具备敬业精神的人也是每个领域和行业所需要的。美国著名出版家阿尔伯特·哈伯德说过，一个人即使没有一流的能力，但只要拥有敬业的精神，同样会获得人们的尊重。另一方面，即使能力无人可及，若没有基本的职业道德，也一定会遭到社会的遗弃。

回顾历史长河，有许多值得我们学习的敬业典范，如大禹为了治水，三过家门而不入，因为他知道“小家”和“大家”孰轻孰重。蔺相如用“先国家之急而后私仇也”感动了廉颇，二人最终相互合作，成为君王的左膀右臂，这也是蔺相如敬业的表现。刘邦率起义大军开进咸阳城之时，将士们见秦宫巍峨繁华，顿时忘乎所以，纷纷乘乱抢掠金银财物，连沛公也忍不住趁着空闲跑到秦宫去东张西望。唯独萧何进入咸阳后，不贪恋财物佳人，火速赶往秦丞相御史府，然后让忠实可靠的士兵将秦朝有关国家户籍、地形、法令等的图书档案一一进行清查，分门别类，登记造册，统统收藏起来，留待日后查用。萧何收藏的这些秦朝的律令图书档案使刘邦对天下的关塞险要、户口多寡、风俗民情等情况了如指掌，对日后西汉政权的建立和巩固起到了巨大的作用。如果没有萧何的敬业，汉王朝或许不会这么牢固，也不可能如此强大。

今天，同样有许许多多敬业之人奋战在各行各业。全国敬业奉献模范人物中，有一位名叫王顺友的邮政局投递员，他只是一个普通人，但他的敬业精神又让他显得那么不平凡。王顺友2005年被评选为感动中国十大人物之一。自1985年参加工作至2005年，20年来他每月投递两班，每个班期14天，在雪域高原跋涉了26万公里。他每年投递报纸8000多份、杂志700多份、函件1500多份、包裹600多件，投递准确率达到100%。王顺友负责的马班邮路山高路险，气候恶劣，一天要经过几个气候带。他经常在荒山野洞中露宿，也经历过被野兽袭击、意外受伤甚至肠子被骡马踢破的痛苦。因为工作的关系，他不能很好地照顾自己的妻儿，但他却从未向组织提出过任何要求。在工作的时候，他把邮件的重要性看得高于自己的性命。他曾为了保护邮件和歹徒搏斗，也为了捞一封邮件不顾寒冷跳入冰冷的河水之中。为了把信件及时送到群众手里，他宁愿在风雨中多走山路。

而当别人夸他了不起时，他却总是很严肃地说，其实走马班邮路不是自己了不起，而是自己在为党做事、在为人民做事，是做的事了不起。他说，雷锋一直是他学习的榜样。正是这种对党对人民对职业的热情与热爱，让他坚持走完了一次又一次一个人一匹马的漫漫孤独路。在王顺友的身上，我们看到了他为了完成自己的工作所付出的努力，这正是朱熹对“敬”的解释，即专心致志地去做某一件事。

2020年，是一个不普通的年份。新年伊始，我们就面临新中国成立以来传播速度最快、感染范围最广、防控难度最大的重大突发公共卫生事件——新冠肺炎疫情。一时之间，武汉地区的医疗人员紧缺、医疗设备供不应求，日常生活用品等也处于较为紧缺的状态。面对此情此景，各地医护人员把自己的生死置之度外，主动请缨前往一线，勇敢逆行增援武汉。医疗设备不足，各个工厂昼夜生产；生活用品不足，司机用最快的速度把所需物品送到人民的手中；社区的工作人员也都坚守自己的岗位……这些人以敬业精神守护着人民，守护着我们的家园。

习近平总书记说过，“我们生活的世界充满希望，也充满挑战。我们不能因现实复杂而放弃梦想，不能因理想遥远而放弃追求”[①]。当下，好好学习对我们来说就是最大的敬业，我们应当努力发扬敬业精神，将个人的小目标与国家民族的大目标相统一，为了事业为了梦想鞠躬尽瘁，如此，我们的国家才能繁荣昌盛，中华民族伟大复兴的中国梦才能最终实现。

（指导教师：郭跃、王满）

①《习近平谈治国理政》第三卷，外文出版社，2020年，第46页。

敬业是一种精神

李欣乐

习近平总书记说过："人世间的美好梦想，只有通过诚实劳动才能实现；发展中的各种难题，只有通过诚实劳动才能破解；生命里的一切辉煌，只有通过诚实劳动才能铸就。"①重温习近平总书记的谆谆教诲，我们对敬业有了更深刻的理解。

敬业的内涵

敬业精神从古至今从未中断，在我国传统文化中，敬业是修身、齐家、治国、平天下之本。古人认为唯有敬业才能完成人生之伟业。在现代生活中，敬业更多的是一种精神和态度。它是一种爱岗乐业的奉献精神，是对职业专心致志、勤奋认真的态度。为师者有"春蚕到死丝方尽，蜡炬成灰泪始干"的育人之心；为医者有"辛劳采得山中药，克奋医活世上人"的济世之心；为官者有"欲为圣明除弊事，肯将衰朽惜残年"的爱民之心；为将者有"僵卧孤村不自哀，尚思为国戍轮台"的卫国之心……

---

①《习近平谈治国理政》，外文出版社，2014年，第46页。

敬业的表现

爱岗敬业的人物数不胜数。2018年感动中国十大人物之王继才、王仕花的敬业故事便是典型案例。

王继才夫妇自1986年起，受命守卫开山岛，当时岛上荒无人烟、寸草不生，二人克服常人难以想象的困难，守卫孤岛整整32个年头。在没有淡水、没有电、面积不足20亩的小岛上，二人默默坚守，把青春年华献给祖国的海防事业。他们用无怨无悔的坚守和付出，在平凡的岗位上书写了不平凡的人生华章。因为他们始终坚信，守岛就是守家，国安才能家宁。

不同的职业有不同的职责，消防员的职责是消灭火灾、警察的职责是打击违法犯罪、医护人员的职责是救死扶伤、环卫工人的职责是清理卫生、人民教师的职责是教书育人……正是因为他们的存在，我们的社会才会如此美丽。

敬业的重要性

爱岗敬业不仅是个人生存和发展的需要，同时也是社会向前发展的需要。敬业的人会获得更多机会，提升自己的能力和水平，实现社会价值，被社会所接受和认可。我们的国家正是因为有了许许多多爱岗敬业的人，才创造出如此丰硕的文明成果。

弘扬敬业精神

我们要树立理想、强化责任、提高技能、培养兴趣、砥砺前行，弘扬敬业精神。第一，我们要从当下做起，脚踏实地，一步一个脚印努力完成目标。第二，我们要认清理想与现实之间的差距，调整自己的计划，在实践中积累经验。第三，我们要培育和践行社会主义核心价值观，提高自己的思想道德修养和科学文化素养。

（指导教师：任健、石玥）

何谓敬业

李梦琦　黄　李

什么是敬业？敬业最好的体现就是爱岗。

焦裕禄曾经说过："吃别人嚼过的馍没味道。"他拖着患有慢性肝病的身体，在一年多的时间里几乎跑遍了兰考县的所有大队。在封沙、治水、改地的斗争中，焦裕禄更是身先士卒，以身作则。风沙最大的时候，他带头去查风口、探流沙；大雨倾盆的时候，他带头蹚着齐腰的洪水察看洪水流势；风雪铺天盖地的时候，他率领干部访贫问苦，登门为群众送救济粮款。他经常钻进农民的草庵、牛棚，和农民们同吃、同住、同劳动。他把群众同自然灾害斗争的宝贵经验，一点一滴地集中起来，这些经验成为全县人民的共同财富，成为战胜灾害的有力武器。敬业精神被他深深刻在了脑中。他常说：共产党员应该在群众最困难的时候，出现在群众的面前；在群众最需要帮助的时候，去关心群众、帮助群众[①]。

那么如何做到敬业？我认为朱熹解释得最好。他说：主一无适便是敬。用现在的话说，凡做一件事，便忠于一件事，将全副精力集中到这事上头，一点不旁骛，便是敬业。我们每个人都要在自己的岗位上发挥作用，抓牢每分每秒，把点点滴滴的小事做好，这就是爱岗，这就是敬业。

---

① 申铁铸：《国民素质简论》，吉林文史出版社，2021年，第171页。

只有爱岗敬业的人，才会在自己的工作岗位上勤勤恳恳，不断地钻研学习，一丝不苟、精益求精，才有可能为社会为国家作出伟大的贡献。

敬业精神是时代的呼唤、社会发展的需要、人类生存的需要。让我们用爱岗敬业、无私奉献的坚定信念成就我们的事业，铸就平凡中的辉煌。

（指导教师：王居华、王艺伟）

疫情下的坚守

吴旭雯　吴心怡

庚子鼠年，疫情来袭，全民抗疫！

“不计报酬，无论生死。有召必回，有战必胜！”她们毅然剪去秀丽长发，戴上口罩，提灯一盏，将光芒洒进疫情的暗夜。为天地立心，为生民立命。他们是血肉之躯，却筑起不倒的长城。这一战，没有从天而降的英雄，只有兢兢业业、恪尽职守的凡人。这一战，因为有他们，奇迹在中国诞生。这盏敬业的灯，温暖了被疫情降温的2020年，守护着万家平安。

国家兴亡，匹夫有责。面对疫情，除了冲在抗疫一线救治患者的医护人员，还有各行各业各类人员的全心投入和执着坚守。

人民警察无疑位列第一方阵。疫情暴发后，他们充分发挥职能作用，全力以赴投入疫情防控和维护社会稳定各项工作中。他们在城市的各个检查点坚守，严格落实疫情防控工作要求。他们以大无畏的精神，恪尽职守、冲锋在前、无私奉献，用为民担当的精神及对党和人民的忠诚为打赢疫情防控阻击战贡献了光与热。

司机在疫情下很好地诠释了什么叫家国责任感。武汉物资严重短缺之时，他们载着物资穿梭于大街小巷。在疫情最严重的时候，他们仍然坚守在自己的工作岗位上。在做好消毒措施和隔离措施的情况下，他们用自己的行动来服务人民群众，为疫情防控工作作出自己的贡献。

全面动员，八方支援。全国各级工商联认真贯彻落实习近平总书记和党中央关于做好疫情防控工作的重要指示精神，迅速反应发出倡议，广大民营经济人士也第一时间行动起来，挺身而出、冲锋在前，彰显出新时代优秀企业家的良好形象。

大事难事见担当，危难时刻显本色。志愿者们舍小家为大家，用无怨无悔的执着坚守，与广大群众一起抗击疫情，共同构筑了战疫的铜墙铁壁，成为抗疫一线坚实的力量。

2020年是不平凡的一年，我们都在努力，感谢那些可爱的人，感谢那些坚守岗位的人，感谢那些默默付出的人。

（指导教师：周娟、周政）

敬业——以平凡铸就不凡

宋宗胜

读了梁启超先生的《敬业与乐业》一文，感受颇深，从中了解了何为敬业，何为乐业。敬者，主一无适便是敬，意为凡做一件事，便忠于一件事，心无旁骛；乐也，系主观之感受，在劳作中寻求乐趣。敬业与乐业之前，我们须先有业，业之一途，人各有异，但其皆须敬之、乐之，以期殊途同归。

一条延乔大道催人泪下，一部《觉醒年代》直击心灵。一声声慷慨激昂的壮语，一个个英勇就义的身躯，仿佛把我们带入了那段艰苦的岁月。在那个年代，无数个“陈乔年”“陈延年”，不畏白色恐怖，在风华正茂的年岁毅然加入中国共产党，把共产主义作为自己奋斗一生的事业，为了热爱的事业，他们甚至付出了生命的代价。

一句“为中华之崛起而读书”激励了多少青年，这是周恩来总理少年时期的理想。从南昌起义到中华人民共和国成立，为了中华民族的崛起，他付出了太多的心血。他一生清贫，膝下无子，晚年病重之时仍在工作。

中华人民共和国成立之初，百废待兴。在建设社会主义的过程中，各行各业涌现出了一大批可歌可泣的英雄模范，他们是时代的印记、是后世的楷模。他们的时代，没有丰富的物资、没有优渥的生活，但是他们的精神世界很富足。他们把祖国的建设当作一生事业，深深热爱着、默默耕耘着，正是他们这种朴素的敬业精神，让新中国飞速发展。

新时代，习近平总书记带领全国人民打赢了脱贫攻坚战，实现了第一个百年奋斗目标，创造了世界奇迹。这样的奇迹是千千万万普通人共同努力的结果。

古语云“大医精诚”，作为一名医学生，为了更好地肩负救死扶伤的职责与使命，我们不仅需要不断提高自身的职业技能，还要不断锤炼职业道德。我曾遇到过这样一位医生，他医术精湛，很多疑难杂症药到病除，一号难求。但他并未因此追名逐利，依然每天沉浸在浩瀚的医典古籍中，希望不断提高医技，为更多的病人解除痛苦。他对待患者，无论老幼，轻声细语，耐心询问。他可能是数万医生中的普通一员，但在我心中却无比伟大。他热爱着自己的事业，在平凡的岗位上做着不平凡的事，是我学习的楷模与想要成为的样子。

我们无论今后身在何种岗位，都需要保有一颗敬业之心，时刻坚守“螺丝钉精神”，为第二个百年奋斗目标的实现添砖加瓦！

（指导教师：聂多伟）

杏林之心在敬业

开　菲

梁启超在他的著名演讲《敬业与乐业》中指出："一个人对于自己的职业不敬，从学理方面说，便亵渎职业之神圣；从事实方面说，一定把事情做糟了，结果自己害自己。所以敬业主义，于人生最为必要，又于人生最为有利。"[①]生存于世，我们大多数人都有一份工作，我们靠工作养家糊口，并通过工作造福社会。工作是我们的安身立命之本，是我们生命之船的压舱石。工作虽不同，但都需要敬业精神才能把事情做好。所谓敬业精神，就是凡做一件事，便忠于一件事。有了敬业精神，三百六十行，行行都可以出状元。

态度决定人生。有人"当一天和尚撞一天钟"，敷衍了事，最终一事无成；有人"板凳甘坐十年冷"，爱岗敬业，最终成就卓越。要知道，用心去工作，最大的受益者是自己。我国明代著名医药学家李时珍，自嘉靖四十四年（1565年）起，先后到武当山、庐山、茅山、牛首山及湖广、南直隶、河南、北直隶等地搜集药物标本和处方，并拜渔人、樵夫、农民、车夫、药工、捕蛇者为师，参考历代医药等方面书籍925种，"考古证今、穷究物理"，记录上千万字札记，弄清许多疑难问题，历经27个寒暑，三

① 梁启超：《美的生活》，古吴轩出版社，2022年，第65页。

易其稿，于万历十八年（1590年）完成了192万字的巨著《本草纲目》。被后世尊为“药圣”的李时珍堪称敬业的典范。

干一行，敬一行；钻一行，精一行。这就要求每个人都要在工作中练就自己的“金刚钻”。这需要我们多一些老黄牛式的敬业实干，多一些孺子牛式的勤业奉献，更多一些拓荒牛式的创新进取。东汉末年的医学家张仲景，在建安年间行医游历各地，目睹了各种疫病流行对百姓造成的严重后果，也借此将自己多年对伤寒病的研究付诸实践，进一步丰富了自己的临床经验，经过数十年含辛茹苦的努力，最终完成《伤寒杂病论》这部不朽之作。如果不是敬业精神，他又怎会在乱世之中潜心钻研，救万民于水火呢?

敬业是一个人高尚心灵的外显，是我们职业理想、职业情感、职业信念的综合体现，也是我们对事业的敬畏，对工作崇高的信仰。我们想要在工作中取得成绩、作出贡献，就必须具备对职业的敬畏和信仰。2020年初，一张照片在网络上刷屏，照片中84岁的钟南山在凝神思考。由于春运车票紧张，他只能被安排在餐车一角。疫情当头，作为一名医生，他没有考虑自身的安危，而是怀着敬业的赤子之心冲锋在前，像是一面代表中国医生不倒的旗帜。他这面旗帜背后，是数以万计的医护人员。有人在发热病房坚守400多个小时救治感染病患，有人在治疗过程中不慎被感染，有人因疲劳过度倒在工作岗位上……他们用敬业与大爱铸就了民族的脊梁与国家的希望。

敬业永远是我们人生的底色。只有在这方厚重的底色上，我们才能挥毫泼墨，描画出人生丰富绚烂的色彩，成就人生壮丽豪迈的锦绣长卷。身为一名医学生，我们应该从小事做起，在校认真完成课内作业任务，努力学习，不断提升自我，将个人的发展与国家的发展相结合，脚踏实地坚定向前!

（指导教师:段雷）

爱岗敬业　大医精诚

张炜婕　张理文

2020年初，新冠肺炎疫情肆虐江城武汉，无数医务工作者挺身而出，毅然逆行。一个个陌生的身影，一帧帧感人的画面，不仅体现了医务工作者对家国大义的诠释，更为世人作出了爱岗敬业的表率。

要练就过硬本领

爱岗敬业，首先要提高自己的专业能力，练就过硬本领。

年逾古稀的张伯礼院士临危受命，奔赴一线深入了解疫情，带领团队形成了临床救治与科学研究协同攻关机制，掌握了应急状态下中药新药发现模式和关键技术。他通过文献资料、临床经验和组分中药高通量筛选，成功研制出宣肺败毒方。该方在控制炎症、提高淋巴细胞计数等方面具有显著疗效，使淋巴细胞的恢复提高17%，临床治愈率提高22%。张伯礼院士凭借极强的专业能力、高超的医术、敬业的态度，挽救了无数人的生命。

张伯礼院士等前辈用他们过硬的专业知识向世界展现了中医的力量。这也就是“术以辅仁”的道理。只有在学术上有造诣、专业上有见识，我们才能拥有爱岗敬业的本领与底气。

要有奉献精神

爱岗敬业，需要全心全意为人民服务，奉献自己，培养强烈的职业责任感。

武昌医院的院长刘智明，带领职工改造病区，三个日夜无休，只因“一张床位就是一条生命”；骑行300公里的甘如意，“就是想尽快回到工作岗位”；“90后”呼吸科医生彭银华，因为自己的医者身份，毅然决然地推迟了婚礼，奔赴抗疫前线……

他们都是普普通通的医务工作者，都是平平凡凡的中国人，在危难面前，他们身穿白大褂，肩负“普救含灵之苦”的职责，在家与国之间义无反顾地选择了国家。

他们用所学知识诊断治疗，用尽精力照顾每一位病人。在方舱医院，医务工作者当起了临时“父母”、临时“老师”、临时“孩子”，以亲人的相处方式，相互温暖、相互汲取力量。他们付出的不仅仅是自己的专业技能，还有一颗与患者携手共抗疫情的敬业之心。

要有荣誉感

爱岗敬业与荣誉感相辅相成。挽救生命所带来的荣誉感会促使我们更加爱岗敬业。

2020年3月起，援鄂医疗队完成使命陆续撤离，武汉人民拉横幅十里相送，机场用最高礼遇“水门礼”迎接白衣战士回家，城市用满城灯光向他们致敬。人民真诚的话语，是给白衣战士最大的鼓励，也是整个社会给予医务人员的敬意。

职业荣誉感与爱岗敬业相辅相成，看着自己诊治的病人一个个痊愈、曾经的患者再一次露出笑脸，重新向幸福出发，听着他们口中不断重复的“谢谢”……这一切的一切都会激发医护人员更强烈的使命感、责任感，促使他们更为上进，全身心精研医术、救死扶伤。

我们都是医学生，未来也大多要成为一名临床医生。我们研读《大医精诚》，发大慈恻隐之心，誓愿普救含灵之苦；我们谨记医学生誓言，健康所系，性命相托。

如今的我们就应该在心中种下一颗爱岗敬业的种子，在未来学习医学的道路上，根据自己不断增加的阅历与经验，不断地体悟。也许，现在的我们认为爱岗敬业就是努力学好专业知识；10年之后的我们则认为爱岗敬业是提升临床技能，全心全意为人民服务；等老了之后，我们认为爱岗敬业就是只要还能动，就坚持出诊。

谁都渴望人生出彩、梦想成真。人生应在何处出彩？梦想到何处成真？岗位和职业就是平台。作为年轻一代的医学生，我们理应牢记爱岗敬业准则，在学习和实践中发光发热。待萤火汇成星河，神州大地定光芒闪耀！

（指导教师：杨才宽、张旭）

岗位在我身　责任在我心

傅欣怡　江　雪　朱婷婷

社会主义核心价值观在公民个人层面提出的第二个价值准则是敬业。何谓敬业？敬业是一个人对自己所从事的工作及学习的负责的态度。爱岗敬业是社会对各行各业工作人员的基本要求，是为人民服务和集体主义精神的具体体现，是职业道德基本规范的核心和基础。作为未来的中医人，我们应该坚守和践行什么样的敬业观？古往今来许多先辈给我们作出了榜样。

医乃仁术、首重立德

2020年初，一场突如其来的新冠肺炎疫情威胁着人民的安全和健康，包括中医人在内的广大医护人员，用他们的责任担当和大爱情怀，甚至用自己的生命诠释了医乃仁术、首重立德的职业操守。

勤求古训、精究医术

从古至今，很多中医大家刻苦努力，潜心医学，治病救人。张仲景面对瘟疫肆虐，痛下决心，经过数十年含辛茹苦的努力，成就《伤寒杂病论》这部不朽之作。李时珍读万卷书、行万里路，远涉深山旷野，遍访名医宿儒，历时27年成就药物学巨著《本草纲目》。叶天士谦虚好学，信守“三人行必有我师”的古训，先后拜师17人，师门深广，成就后学指南《温热论》。

敬业不仅要任劳任怨地工作，更要将工作当成一种精神享受。能力再强，如果没有敬业精神，就不能全心全意地为病人付出，只是机械地在岗位上完成自己的工作。好的医生不仅要有丰富的知识储备，更要有高度的敬业精神。

严谨审慎、重义轻利

严谨审慎、重义轻利的医风也是中医人敬业观的体现。孙思邈一生淡泊名利，长期居住在民间为百姓治病，治愈了大脖子病、夜盲症、脚气病等当时的疑难病症；董奉隐居深山，为百姓看病分文不取，病人以栽种一棵杏树作为感谢，日久成林，留下一段杏林佳话；华佗多次拒绝做官，一生行走民间为百姓看病，足迹遍布中原大地和江淮平原。可以说，历代名医用自己的实际行动生动诠释了中医人的敬业精神。

“国有危难时，医生即战士。宁负自己，不负人民！”这是张伯礼院士2003年抗击“非典”时立下的铮铮誓言。新冠肺炎疫情暴发后，这位72岁的“医界老兵”又一次兑现了承诺。面对严峻的疫情防控形势，张院士亲自率团来到武汉，来到新冠肺炎患者身边。经过整整82天的努力，最终在江夏方舱医院创造了病人零转重、零复阳，医护人员零感染的奇迹。在武汉期间，张伯礼院士因过度劳累导致胆囊炎发作，不得不切除胆囊。对此，张老笑称与武汉“肝胆相照”。2020年4月武汉解封，感慨万千的张伯礼院士写下《归辞》。在获得“人民英雄”国家荣誉称号之后，他又写下《清平乐·人民才英雄》。无论是前一首中的“两月敢忘江城苦，十万白甲鏖战茫”，还是后一首中的“白甲十万，战疫三月酣”，张院士都真切地描绘了2020年初中西医白衣天使为保障人民生命健康投入防疫战斗的忘我境界和奉献精神。张院士用行动告诉我们，作为一名医生，就是要不断提升医技，时刻坚守医德，将爱岗敬业作为自己的职业追求。

习近平总书记曾经指出：“中医药学包含着中华民族几千年的健康养生理念及其实践经验，是中华文明的一个瑰宝，凝聚着中国人民和中华民族的博大智慧。”①作为一名中医院校的学子，我们不仅要努力学习，坚定专业信念、夯实专业基础、提升专业技能，还要弘扬古往今来中医精英悬壶济世、大医精诚的医德，心怀苍生、敬畏生命，推动中医药事业高质量发展，为建设健康中国，实现中华民族伟大复兴贡献一份力量。

（指导教师：李忠萍、张旭）

①《为中华民族伟大复兴打下坚实健康基础——习近平总书记关于健康中国重要论述综述》，光明网，https://m.gmw.cn/baijia/2021-08/08/35062804.html。

培养敬业精神　彰显人生价值

唐梦雪　解春雅

何为敬业

早在《礼记·学记》中就有“敬业乐群”的说法，《论语》中也有“执事敬”“事思敬”“修己以敬”“敬其事而后其食”的记载。这是什么意思呢？其实是说只有保持敬业的态度和道德情操，才能做好“事上”“事亲”“谋事”等事。到了北宋，程颐更进一步说“所谓敬者，主一之谓敬。所谓一者，无适之谓一”。意思是，凡做一件事便将全部精力集中到这件事上面，一点不旁骛，便是敬业。宋明儒者将“敬”作为一种修养、一种人格，并探索出修“敬”的方法。《现代汉语词典》中对敬业的解释是：专心致力于学业或工作。具体内涵包括爱岗、尽责、专注、钻研和奉献。爱岗敬业就是要干一行爱一行，爱一行钻一行，精益求精，尽职尽责。敬业反映的是从业人员对待自己职业的一种态度，也是一种内在的道德需求。同时，敬业作为社会主义核心价值观之一，既是对个人品质的要求，也是社会发展的必然要求。那么，敬业精神对我们自身有何意义呢？

敬业成就人生

敬业成就我们的人生。因为敬业是一种工作习惯和处事态度。敬业是担当的体现、责任的延伸。它源自对工作的信仰，因此具有敬业精神是事业成功的前提。2020年，新冠肺炎疫情暴发，钟南山等专家学者和普通医护人员恪尽职守，一次次地与死神赛跑，在病毒的魔爪下挽救了无数鲜活的生命。在此过程中，他们赢得了荣誉，实现了自己的社会价值与人生价值。在疫情中，安徽中医药大学坚持“生命重于泰山、疫情就是命令、防控就是责任”的指令，启动“战斗模式”，勇敢抗疫。安徽中医药大学第一附属医院各科室医务人员取消春节休假，随时待命，精心治疗护理每一位患者，努力完成春节期间各项工作任务。

新时代的敬业精神

伟大时代呼唤伟大精神。在此，我们重点介绍劳模精神。劳模精神包含了爱岗敬业、争创一流、艰苦奋斗、勇于创新、淡泊名利、甘于奉献等，是马克思主义劳动观的生动体现。劳动模范是时代的先锋、民族的楷模，他们身上彰显的劳模精神一直发挥着引领作用，丰富和拓展了中国精神的内涵，充分展现了新时代我国工人阶级和劳动群众的高度自信。朱慎勇，淮北市烈山区人民医院院长，中医副主任医师。从中医院校毕业后，朱慎勇仍不断汲取新知识、新技能。他重视将医学理论与实践相结合，娴熟运用中医传统针灸方法，在风湿顽痛和中风偏瘫等疑难病症方面取得了独特的治疗效果。烈山村一位朱姓老人因脑出血，半身不遂，瘫卧在床，老伴体弱多病，儿女又不在身边。为了使老人得到及时治疗，朱慎勇上门为他针灸、推拿，天天如此，风雨无阻。经过两个多月的精心治疗，这位曾经大小便失禁、右半身丧失肌力的老人竟奇迹般地站了起来。没有朱慎勇的敬业，就没有这一奇迹。

我们要如何培养新时代的敬业精神呢？首先，要加强思想道德修养，培养敬业意识。我们可以汲取榜样力量，学习典型人物，在思想和行动上向他们靠近。其次，要积极参加实践活动，磨炼敬业意志。通过实践，了解社会、熟悉社会、服务社会。最后，要制定职业生涯规划。通过职业生涯规划，对未来的职业有所定位和了解，从而热爱自己的职业。

培养大学生的敬业精神，既是时代发展的需求，也是个人生存发展的需要。培养为了梦想和事业顽强拼搏的敬业精神，将促使大学生树立正确的人生观和价值观，实现自我价值，不断砥砺前行，向着实现中华民族伟大复兴的中国梦目标不断奋斗！

（指导教师：王晓宏、方悦）

浅谈敬业

张莉苗

从古至今，敬业精神一直为人们所称颂，古有岳飞尽忠报国，保卫疆土，率岳家军抗击金兵收复失地；有诸葛亮鞠躬尽瘁，死而后已，撰《出师表》以陈情，恭劝后主劳心政务；有林则徐尽责尽忠，忧国思民，虎门销烟奋力抗英。今有陶行知爱满天下，立德树人，致力于中国教育改造事业，倡导“教学做合一”；有焦裕禄艰苦奋斗，迎难而上，为改变兰考面貌与自然灾害顽强斗争，用自己的实际行动，铸就焦裕禄精神；有袁隆平赤诚为民，无私奉献，致力于杂交水稻研究，为了人民能吃饱饭，为了国家的粮食安全殚精竭虑。从古至今，中华民族一直传承着敬业精神。

所谓敬业，就是本着认真负责、一丝不苟的工作态度，恪尽职守，努力克服各种困难，精益求精地去完成自己的本职工作。敬业是无比宝贵的品质，是我们做好本职工作的重要前提和可靠保障。

我们作为新时代的青年，肩负着实现中华民族伟大复兴的使命，只有做到敬业、爱业、勤业、精业，才能不负时代，不负韶华，不负党和人民的殷切期望。

2021年是中国共产党成立100周年，6月29日上午10时，在人民大会堂隆重举行了“七一勋章”颁授仪式，习近平总书记亲自将勋章授予那些在中国特色社会主义伟大事业和党的建设新的伟大工程中作出杰出贡献的党员。这是党内最高的荣誉，也是党对这些奉献者最真切的肯定。他们来自各行各业，每一位都是敬业精神最好的范例，是值得我们敬仰和学习的典范。有救死扶伤的白衣天使吴天一，他是高原医学事业的开拓者，投身高原医学研究50余年，提出高原病防治救治国际标准，诊疗救治藏族群众上万名。青藏铁路建设期间，他主持制定一系列高原病防治措施和急救方案，创造了铁路建设工人无一例因高原病致死的奇迹，被称为“生命的保护神”。80多岁高龄的他仍戴着心脏起搏器在海拔4500米以上的高原开展科研工作。有为教育事业奉献一切的育人园丁张桂梅，她扎根贫困地区40余年，探索形成“党建统领教学、革命传统立校、红色文化育人”的特色教学模式，用红色基因树人铸魂，创办全国第一所全免费女子高中，帮助2000多名贫困山区女孩圆梦大学，拖着病体忘我工作，持续12年家访超过1600户，行程11万余公里。有专心研究焊接工艺的焊接领头羊艾爱国，他是工匠精神的杰出代表，秉持着“做事情要做到极致、做工人要做到最好”的信念，在焊工岗位奉献50多年，集丰厚的理论素养和操作技能于一身，多次参与我国重大项目焊接技术攻关，攻克数百个焊接技术难关，同时也为国家培养了600多名焊接技术人才。此外还有坚守高原边防，为捍卫祖国领土主权壮烈牺牲的战士陈红军；还有一生坚持歌颂党、歌颂祖国、歌颂劳动人民的作曲家吕其明；还有戏比天大，把表演艺术作为终身追求的老戏骨蓝天野……他们每个人都心怀热爱，坚守信念，在不同的岗位上尽心竭力。

我们要将敬业精神牢记于心，并付诸行动，即使干不出惊天动地的大事，也不必妄自菲薄，因为只要每个人都在自己的岗位上做好做精，涓涓细流终会汇聚成海，奔向美好未来。

（指导教师：段雷）

功崇惟志　业广惟勤

李　静　汪　靓　王　慧

《尚书》云："功崇惟志，业广惟勤。"意思是，取得伟大的功业，是由于有伟大的志向；实现伟大的志向，在于辛勤不懈地工作。孔子也主张人要始终勤奋刻苦，为事业尽心尽力。作为新时代的青年学生，我们更应该秉承儒家"执事敬""事思敬""修己以敬"的思想观念。

一曰"执事敬"，从事工作要敬慎认真。对于自己所从事的工作，不能因为它不符合我的理想而懈怠。既然承担了这份责任，就应该去认真谨慎地对待它。江西儿童福利院的工作人员，十年如一日，用自己的爱心、细心和耐心去呵护照顾与他们没有血缘关系的孤儿。那些孩子或痴傻、或残疾，这样的工作对象毫无疑问不甚理想，但是工作人员没有放弃他们。他们站在父母的角度去看待照顾那些孩子，用爱书写温情，对生命始终敬畏。他们身处平凡的岗位，肩负繁重而重复的工作，无怨无悔。执事敬，敬始终如一。

二曰"事思敬"，中华民族历来有"敬业乐群""忠于职守"的传统，敬业是中华民族的传统美德，也是当今社会主义核心价值观的基本要求之一。事思敬，是指临事要专心致志不懈怠，在一生中始终要为事业尽心尽力。古往今来，做事能够专心致志的人确实少之又少，但是在漫漫历史长河之中也不乏这样的人。“各位观众晚上好，欢迎收看《新闻联播》节目……”这句熟悉的开场白陪伴我们度过漫长岁月。作为主持界行走的教科书，康辉在30年的播报生涯中，凭着事事仔细的态度完成了无数次近乎完美的播报。他曾说过，完美或许不存在，但追求完美的人应该存在。

三曰“修己以敬”，意思是，修养自己，保持严肃恭敬的态度。子路向老师询问怎样才能成为一个君子。孔子提出了君子的三种境界，一层比一层高，体现了儒家“内圣外王”的思想。第一层是修养身心，保持恭敬之心，养成敬畏之心，这是“内圣”的功夫；第二层是修养身心，并能使亲朋好友感到安定快乐，这是“外王”的过渡阶段；第三层是修养身心，并使天下百姓过上太平的生活，这是“外王”的终极目标。但连孔子自己也感叹这个终极目标即使是尧、舜这样的圣贤之君也难以做到。然而，我们应该看到，无论是哪一种境界，孔子首先强调的都是“修己”，也就是先注重个人的道德修养，再言其他。《大学》中同样有此言论：“古之欲明明德于天下者，先治其国；欲治其国者，先齐其家；欲齐其家者，先修其身。”

在我们的生活中，平凡而伟大的人数不胜数。近几年热播的纪录片《大国工匠》中就介绍了许许多多专心致志把事情做到极致的人。让我印象最深的是高凤林，他为火箭焊接“心脏”。多年来，高凤林先后参与北斗导航、嫦娥探月、载人航天等国家重点工程以及长征五号新一代运载火箭的研制工作，一次次攻克难关，出色地完成任务。高凤林先后荣获国家科技进步二等奖、全军科技进步二等奖等20多个奖项。高凤林以卓尔不群的技艺和劳模特有的人格魅力、优良品质，成为新时代高技能工人的代表。在他的身上生动地展现了工匠精神，而工匠精神的实质就是我们一直所倡导的敬业精神。

在社会飞速发展的时代，人们在继承敬业传统的基础上也赋予了它新的内涵，敬业已成为社会主义核心价值观在公民个人层面的价值准则。

爱岗敬业是一种朴素的行为力量，是一种独特的价值情怀，更是一种崇高的精神信仰。虽然来自各行各业，但“一切为了祖国”的崇高信仰，让这些爱岗敬业者的形象无比高大，使他们受到了人民的爱戴和敬重。身为社会主义建设者和接班人，我们要充分发扬敬业精神，争做担当民族复兴大任的时代新人，为实现中华民族伟大复兴的中国梦不懈奋斗！

（指导教师：郭跃、王满）

爱岗敬业　敬在我心

胡孝星　刘佳依

爱人以德是敬业的第一层含义，即爱所敬之业，享受工作的过程。

2020年发生了太多不平凡的事情，也有太多不平凡的人走进了大众的视野。在抗击新冠肺炎疫情的行动中，医护人员昼夜不停地工作，和病毒拼速度，和死神抢时间。其中有一位在21世纪初就对抗击“非典”作出过重要贡献的人物，他始终保持着敬业的态度和大无畏的精神，在祖国和人民需要他时，已经84岁高龄的他依然毫不犹豫地踏上了前往武汉一线的高铁。他就是钟南山院士，他的行为最好地诠释了什么是爱所敬之业。

乐以忘忧是敬业的第二层含义，即乐所敬之业，安于职守，乐于效力。乐业是一种良好的职业情感，是爱岗敬业的前提。开创安徽中医药大学药学院制药工程专业的李家明、李传润等教授，就是我们身边乐所敬之业、教书育人、诲人不倦的代表。老师们十年如一日的坚守，有着超乎常人的敬业精神，为国家和社会源源不断地培养了一大批制药工程专业人才。

精益求精是敬业的第三层含义，即精所敬之业，以精益求精的态度对待工作，认真负责、高效完美地完成自己的工作。

2020年是我国脱贫攻坚战的收官之年，我们班有幸承担了第三方监测评估的任务。到达工作地之后，我们深入各个村庄，各个贫困人家，与他们进行近距离的交流。在采集数据的过程中，我们看到了精准脱贫攻坚之后，人民生活都得到了切实改善。采集完数据录入系统的过程中，我们也不敢懈怠，学院吴书记和徐书记经常带领我们工作到凌晨，确保每一个数据都精准录入，丝毫不差。结束所有工作回到学校后，吴书记即兴所赋诗句："进村入户忙，嘘寒话家常，百问细斟酌，敬畏第三方""昨夜西风夹雨，作业悄然子夜，半寐忽闻鸡叫，起舞披挂上阵！"这是对本次工作的全面总结概括，更是对工作中我们所有师生敬业精神的肯定。

勤奋努力是敬业的最后一层含义，即勤所敬之业，要求我们勤奋努力地做好本职工作，始终保持一种张弛有序的工作状态，保持一种昂扬向上的精神状态，做到"三勤"——腿勤、手勤和脑勤。

我们身边还有这样一群人，他们默默付出，为我们的学习生活保驾护航。门卫大爷为了我们的安全，风雨无阻地守护着我们；食堂阿姨为了我们的一日三餐，起早贪黑地坚守在自己的岗位上。他们做的是一件件平凡的小事，却温暖了每一个人的心，他们的精神同样值得我们每一个人学习。

习近平总书记说过："我们比历史上任何时期都更接近中华民族伟大复兴的目标。"[①]我们相信如果每一个人都怀敬业之心、奉献之心，绽放苦干实干的最美青春，那么中华民族的伟大复兴将指日可待！

（指导教师：王居华、王艺伟）

①《习近平谈治国理政》第二卷，外文出版社，2017年，第57页。

敬业乐群　臻于至善

尤　其　张露露　肖贝贝

“敬业乐群”最早出自西汉戴圣《礼记·学记》“一年视离经辨志，三年视敬业乐群”。这句话的意思是第一年考查学生断句分章、弄清经文旨意的能力，第三年考查学生是否专心学习和亲近同学。学生的本职工作就是学习，能够尽自己最大的努力把学习搞好，也就能说是敬业了。敬业乐群中的“乐群”，《汉语大词典》上是这样解释的：乐于与朋友探讨学问。也就是说，“敬业”不仅仅是提升自己，还要见贤思齐。“臻于至善”源自《大学》开宗明义之句：“大学之道，在明明德，在亲民，在止于至善。”它昭示的是一种永不止息、创新超越的进取心。

那么对于大学生而言，为什么要做到敬业乐群、臻于至善呢？榜样给我们提供了答案。

2020年初，新冠肺炎疫情蔓延全国，一时间人心惶惶，众说纷纭。钟南山院士果敢发声，呼吁人们“没什么特殊情况，不要去武汉”，自己却在耄耋之年毅然逆行投身战疫第一线。“三山（火神山、雷神山、钟南山）”成为人们抗击疫情的一剂定心丸。

在2020年广州医科大学的毕业典礼上，钟南山院士寄语毕业生，在求职的路上可能会遇到一些困难，但是不要放弃自己的信念。陶勇就是这样一位在实现梦想的道路上遇到了巨大困难，却依然保持初心的医生。他精于科研，创新进取，又具有仁心仁术，悬壶济世。如此优秀的他在经历了恶性伤医事件后，却依然想要为大家服务，继续从事他的临床事业。我们身边也不乏在学习和生活中践行敬业乐群、臻于至善信念的人。

刘鸿雁，安徽中医药大学护理学院2015级护理本科专业学生，曾在中国人民解放军海军总医院参加毕业实习。2017年9月，刘鸿雁作出了人生道路上一次重要的抉择：保留学籍投身军营。在军营中，她秉持“敬业乐群、臻于至善”的信念，在2019年6月经过单位推荐、解放军联合军乐团考核等程序，担任国庆阅兵式萨克斯演奏员并进驻阅兵村，开始进行集训。2019年国庆阅兵当天，她所在的团队是一支入场最早、离场最晚，全程参与受阅，持续站立、持续演奏四个小时的队伍。她从一名普通医学生蜕变成为一名合格军人，从青涩懵懂走向成熟稳重。无论是在军旅生涯中，还是在医疗工作中，她都将敬业刻进了骨子里。

赵楠楠，中共党员，安徽中医药大学护理学院2019届毕业生，荣获安徽省“品学兼优”毕业生荣誉称号，就职于上海市第十人民医院。在本科期间，她在班级担任团支书一职，并加入学生会，一步一个脚印，最终通过自己的努力成为学生会主席。她先后获得校优秀共产党员、校优秀团干、校优秀团员等荣誉称号，也曾获优秀学生会干部、“护院之星”等表彰。她并没有落下学业，连续三年综合测评名列班级前茅，连续两年获得国家励志奖学金。在医院实习期间，她也以踏踏实实的工作表现，荣获医院护理部优秀实习生荣誉称号。赵楠楠曾经也只是和我们一样，是一名普通的学子，但她的理想信念造就了她的不凡。

作为医药院校的大学生，我们要恪守敬业乐群、臻于至善的信念，认真对待我们的学习任务。我们应该拥有一双发现美的眼睛，去发现所学专业之美。我们也要有一颗勇于尝试的心。有些人认为自己所学专业太难了，自己学不好就放弃了学习；有些人认为自己专业太冷门，不好就业，就宅在宿舍里消极逃避；有些人认为自己的专业知识太枯燥无趣，就选择沉迷于电视剧、小说、游戏中。在我们还不能决定自己未来的终极方向时，不妨先静下心来学习，踏踏实实去干。首先，我们要学好自己的专业知识，提升专业素质技能，为以后的工作打好基础。其次，对待学业任务、社团任务、假期兼职也要怀着爱岗敬业的心。我们对待学业要认真踏实，完成好老师布置的学习任务；参加社团需要量力而行，同时向学长学姐学习，提高自身能力，完成社团任务；假期兼职也要努力完成工作任务，恪尽职守。最后，坚持和冷静最为关键，学会把躁动不安的心冷静下来，学会平衡，才能在敬业的道路上越走越远。此外，万事不可半途而废，要学会坚持。

尽力做好每一件事，实乃人生之首要任务。敬业乐群、臻于至善不仅仅是对大学这一人生阶段的要求，更是我们在未来的职业生涯中必须要铭记在心的箴言。让吾辈学子在今后的学习和工作生涯中弘扬敬业精神，成就青春梦想！

（指导教师：许明华、石玥）

传时代精神　昭国之傲骨

张仁杰　许良辉　张乐川

敬业作为社会主义核心价值观的重要内容，是人们基于对一件事情、一种职业的热爱而产生的一种全身心投入的精神。所谓敬者，主一无适之谓敬，即专心致志、心无旁骛。中华民族历来就有“敬业乐群”的传统，可以说敬业也是中华民族的传统美德。

大禹治水的故事家喻户晓。在上古时期，鲧的儿子名禹，在百姓深受洪水所害时，离家带领大家治理洪水。他用了13年的时间，跋山涉水、风餐露宿，耗尽心血与体力，终于把洪水治理好。这13年里，他到处奔走，曾经三次路过自己家门口。可是他认为治水要紧，一次也没有走进家门看一看。大禹这种克己奉公的精神一直受到后人的赞颂。

一息尚存，此志不懈。无论是古人还是生活在当代的人们，总有人在自己的岗位上，为人民服务。

赴汤蹈火，竭诚为民。有这样一群人，他们也曾是一群与我们一般的少年，在穿上军装成为消防战士后，哪怕明知前方生死未卜，也会毫不犹豫地前进。诸如“从火场中将男孩抱出后，毫不停歇转身继续灭火”“紧急驰援，搬运沙袋，彻夜奋战”“用身体挡住掉下的沙石土块”此类的真实报道书写着他们的敬业模样。他们不会错过每一条可能救下的生命，他们将敬业刻在骨子里，只要出警铃一响，就毫不犹豫地奔向他们的战场。

2016年4月26日，习近平总书记在知识分子、劳动模范、青年代表座谈会上指出："劳动模范是劳动群众的杰出代表，是最美的劳动者。劳动模范身上体现的爱岗敬业、争创一流，艰苦奋斗、勇于创新，淡泊名利、甘于奉献的劳模精神，是伟大时代精神的生动体现。"[①]

因此，我们可以得出敬业的定义：敬业是一个道德范畴，是一个人对自己所从事的工作负责的态度，是一个人对自己工作的基本尊敬。

爱国、敬业、诚信、友善——这是社会主义核心价值观在公民个人层面的价值准则。在社会主义国家，一切为了人民、一切依靠人民。这种双向的国与民的关系，以一种无比牢固的纽带连接在一起。敬业也是劳动者实现自身社会价值的途径之一。

2020年，我们看到了一个个逆行者，记住了警察、司机、军人……平凡的人们以溪河汇江海的力量为战疫注入磅礴的力量。

"00后"女孩刘家怡，是一名驰援湖北医疗队的护士。记者电话采访她时，她淡淡地说："没有什么呀，这是我的工作。不少像我一样的'00后'都在这里。国家需要我们，我们不能退缩。"医务人员是最美的天使，是新时代最可爱的人。

宋代理学家朱熹说："敬业者，专心致志以事其业也；乐群者，乐于取益以辅其仁也。"敬业者总会在自己的业中找到独属的乐趣，在为自己带来乐趣的同时，提高了工作效率，也创造了更多的财富。

正是由于许许多多的人恪尽职守，我们的国家才变得强大，社会才和谐安定。也许我们做不到如诸葛亮"鞠躬尽瘁，死而后已"般的敬业，但至少要做到"在其位，谋其政"，不推卸责任，以业为乐。

（指导教师：凡樊、汪媛）

① 习近平：《在知识分子、劳动模范、青年代表座谈会上的讲话》，人民出版社，2016年，第8页。

精诚敬业　不倦自强

洪　星

敬业，是一种勤勉负责、忠于职守的工作态度，是中华民族的传统美德，也是社会主义核心价值观对每个公民的基本要求。古语云："敬事而信""敬业乐群"。敬业是奉献的基础，乐业是奉献的前提，勤业是奉献的根本。敬业一词在不同的职业领域中有不同的含义。对于中医行业而言，我认为，敬业即做到大医精诚。

明代医学家龚廷贤曾说："病家求医，寄以生死。"换句话说，病人向医生求医，就等于把自己的健康和生死都交给了医生，既以生死相托，必然要待以精诚。唐代著名医学家孙思邈提出大医精诚的思想，并将《大医精诚》一文放在《备急千金要方》第一卷加以完整论述。孙思邈认为医道是"至精至微之事"，从医者要拥有精湛的医术，此为"精"；他还认为从医者应当"安神定志，无欲无求，先发大慈恻隐之心，誓愿普救含灵之苦"，即能做到无欲无求，具有普遍解救大众病痛之苦的慈悲情怀和坚定信念，也就是高尚的品德修养，此为"诚"。由此可见，孙思邈将医德和医术视同一律。

功崇惟志，业广惟勤。千百年来，讲求大医精诚的中医人一代又一代薪火相传，他们的医学实践证明，中医药学不仅在历史上曾为中华民族的繁衍昌盛作出过重大贡献，而且在现代医学和生命科学高度发展的今天，仍以良好的临床疗效在护佑人民生命健康方面发挥着重要作用。无论是对疾病的预防控制，还是对人类生育、健康、衰老、疾病、死亡等生命现象全过程的科学认识，尤其是在提高人类生活质量、延长人类生存寿命、防治慢性病和老年病，以及对现代医学病因不明、疗效不佳的各种疑难杂症及高死亡率疾病的治疗方面，以阴阳互动的平衡观、脏腑经络的整体观、天人合一的生态观、以人为本的生命观、三因制宜的辨证观为核心理念的中医药学都彰显了独特优势。这一点在新冠肺炎疫情防控中也得到了检验。中西医并重、中西药并用的新冠救治中国方案贡献卓著，中医药疗效也得到了世卫组织的充分肯定。无论是疫情暴发时的毅然逆行，还是多年来的默默坚守，中医界人士的贡献都有目共睹。

张伯礼院士便是其中一位。张伯礼研究了一辈子中医药，他说中医治病救人几千年了，一定能在这次疫情的防控中发挥应有的作用。“生命相托是一份责任，如果不能替病人去担当，不会是好大夫。”在抗疫一线，他心里时刻牵挂着他的病人，不计个人得失和安危。张伯礼院士用实际行动诠释了什么是大医精诚，无愧于“人民英雄”的称号。

大医精诚是中医人一生的追求。不一则不专，不专则不能。作为新时代的中医学子，我们应坚定中医能行信念，夯实专业基础，练就过硬本领，追求大医精诚的境界。我们要像我们的前辈们一样，以悬壶济世的高尚品格，将中医发扬光大，救治更多的病人。

（指导教师：李忠萍、张旭）

敬业是一种境界

马　畅　刘书言

一千个读者就有一千个哈姆雷特。每个人对敬业都有不同的思考和理解。

敬业，是党的十八大提出的社会主义核心价值观之一，也是中华民族的传统美德。诚如人言，工作的时间长了，就成了一份事业；事业经营得久了，就成了一种情怀。将爱岗敬业作为人生追求的一种境界，我们就会在工作上少一些计较、多一些奉献，少一些抱怨、多一些责任，享受工作给自己带来的快乐和充实感。有了这种境界，我们就会倍加珍惜自己的工作，并抱着知足、感恩、努力的态度，把工作做得尽善尽美，取得岗位上的竞争优势。

我们每个人都要做热情无畏地坚守在自己工作岗位上的敬业者。如果坚守看得见，那它就像一颗启明星，引领着我们走过无边的黑暗；如果热情看得见，那它就像一团火焰，照亮前方绵延无际的山岭；如果无畏看得见，那它就像一片大海，容纳百川、滋润万物。

2020年，一场突如其来的新冠肺炎疫情，打乱了14亿多中国人的生活节奏。这场没有硝烟的疫情防控阻击战牵动着每个人的心。广大医务人员白衣执甲、逆行出征，将党旗插在了抗疫最前线。每位抗疫工作者都饱含对工作的热爱，以敢于斗争、敢于胜利的大无畏气概，坚守在战疫前线。

在2003年的“非典”中，他第一个提出把重症病人都送到他那里去，那年他已经67岁，仍一直奋战在第一线。2020年的新冠肺炎疫情出现时，他让大家别去武汉，自己却第一时间义无反顾地去了。他就是钟南山院士！

在疫情防控中，安徽中医药大学充分发挥中医药特色优势，制作了2000多个防疫香囊，无偿捐赠给基层抗疫人员，为社区战疫贡献了一份力量。正是因为爱岗敬业成为内心深处的坚守，各行业、各领域、各战线各司其职、紧密配合，形成了强大的合力，我们才能攻无不克、战无不胜。

敬业是中国人民的传统美德，敬业精神更是一种基于热爱而对工作全身心忘我投入的精神境界。作为一名医生，敬业更是我们应有的职业道德。常言道“医者仁心”，翻开中国古代的医学典籍可知，先贤给我们留下了无数宝贵的敬业精神财富。作为中医学子，我们毕业后会进入医院，成为医疗一线的医生。我们要时刻牢记自己的职责，牢记自己的使命担当，服务人民。

（指导教师：董玉节、张梅）

敬业精神指引人生道路

赵紫峰　郑新月　祝安静

2020年的春节十分特殊，人们被突如其来的疫情隔离在家。在居家的日子里，我们能享受和家人在一起的时光，但也有很多人在我们看不见的地方默默付出，无法与家人团聚。我有幸参与到物资的援助活动中。在那段时间里，我对接了很多湖北医院的医生。在和他们的聊天中，我深深感受到了他们的敬业与奉献。武汉协和医院的护士们说她们不敢上厕所，是因为防护服急缺，而且害怕弄脏防护服。她们小小的身躯仿佛有着大大的能量，承载着我们的希望，让我们有战胜疫情的勇气与坚定不移的信念。

当在电视上看见援鄂医疗队宣誓时，我的心是颤抖的，震撼的。那一封封请战书，字里行间体现的是他们对国家的责任和对人民的担当，一个个鲜红的手印彰显的是他们"若有战、召必回、战必胜"的决心，一个个忙碌的身影将他们无私奉献的敬业精神展现得淋漓尽致。

与医护人员并肩作战的还有他们——人民警察。他们是抗疫先锋，舍小家于身后，守万家之平安，固疫情之防线。他们也像医护工作者那样不分昼夜地坚持在抗疫第一线，排查疑似病例，疏导交通，护航防疫物资，宣传防疫知识，维护治安，为困难群众送去温暖……他们是最值得我们敬佩的人。他们和我们一样，也是普通人，在阖家团圆的时候也会想家，会因为思念自己的亲人而流下泪水。但是，在每一个被需要的时刻，他们从来不会缺席。他们不回家，是因为想要更多的人能够平安回家。

哪有什么岁月静好，不过是有人在替我们负重前行。除了医护工作者与人民警察之外，还有许许多多行业的人都在默默地付出，只为让我们有一个安全、安心的生活环境。

作为青年大学生，我们的爱岗敬业就是在专业学习上投以热忱的心，敬重我们的专业，认真、专注、负责地对待我们的学习任务。

鲁迅先生曾寄语青年：“愿中国青年都摆脱冷气，只是向上走，不必听自暴自弃者流的话。能做事的做事，能发声的发声。有一分热，发一分光，就令萤火一般，也可以在黑暗里发一点光，不必等候炬火。”[①]中国的繁荣，离不开我们每个人的敬业。

（指导教师：王屹、高勇）

①《鲁迅全集》第二卷，江苏凤凰文艺出版社，2020年，第22页。

传承笃行篇

且看少年芳华　助力国之成长

张　琦　李曾珍

不负青春，肩负使命需要培养崇高的敬业精神。只有真正敬业的人，才能不断激发学习热情，全力以赴地投入学习工作中，并取得令人瞩目的成绩。

何谓敬业？朱熹解释："主一无适便是敬。"用现在的话来讲，凡做一件事，便忠于一件事，将全副精力集中放到这件事上，一点不旁骛，便是敬业。敬业是一种负责任的态度，是我们这个社会需要的一种美德。那么，我们应该如何培养敬业精神呢？

培养敬业精神首先需要"不止"。杜甫"为人性僻耽佳句，语不惊人死不休"的不止，成就了其沉郁顿挫的诗风；贝利"我最好的进球是下一个"的不止，成就了其"球王"美誉；张瑞敏"没有最好，只有更好"的不止，成就了海尔品牌。不止是一种精神，更是一种品格。岁月不息，生命不止。不困于心，不乱于形，不安于命，不知于止，这是勇气，更是敬业之本。

培养敬业精神还要借用信仰之力。有了信仰，我们才会全身心投入工作学习之中，脚踏实地，勇往直前。2020年，一场突如其来的新冠肺炎疫情打破了大家平静的生活。钟南山院士于危难之中挺身而出，奋勇向前。

2003年，钟南山教授领队抗击“非典”；17年后，84岁的他再次临危受命，出任国家卫健委高级别专家组组长。他建议公众“没什么特殊情况，不要去武汉”，自己却做了逆行者，义无反顾赶往武汉。这样的人，就是国家栋梁，就是民族脊梁！所谓医者，不过妙手仁心。钟南山院士妙手仁心兼具，所以，举国敬仰。他身上呈现了一个医生应有的信仰与敬业精神。他是英雄，也是我们当代青年尤其是医学生的榜样。

我们寒假在医院见习时认识了这样一位老学长：个子不高，戴副眼镜，一副憨厚模样。我们见习时最爱在他旁边看他做治疗，因为他总会很耐心地给我们讲解如何操作。他负责的病患中有一位90多岁的脑卒中患者，老人家很喜欢和我们这些小辈聊天，可惜因为脑卒中的后遗症我们总不能很好地理解他的意思。面对我们的尴尬，老学长总能很好地充当起翻译的角色。他俯身听老人的喃语，又在老人耳边大声传递我们的话。这样奇怪的聊天模式在学长的耐心维持下倒也显得温情满满。

学长工作有自己的节奏，他在下班之后还经常陪病人做康复训练。有一次我们开玩笑：“你看看其他老师都下班了，怎么就你还陪病人在康复大厅？”他也蛮不好意思，低下头说：“我喜欢给每个病人都做多一点、做久一点。”他有耐心，足够了解病人，能够准确理解病人的意思；他认真负责，牺牲休息时间给病人做治疗，希望病人可以更好地康复。他的敬业精神从细节处可见，给我们见习生上了生动的一课，从他身上我们不仅真正领会了敬业的深刻内涵，而且也懂得了未来如何成为一名敬业的优秀的医生。

人生重要的不是自己所在的位置，而是你所朝向的方向。生活在这个世界上，我们每个人都有自己的位置。在学校里，我们是学生；在家庭中，我们是孩子；在社会上，我们是个体，是组成社会大家庭的一分子。今天，我们站在这里，是比赛的参与者；将来，我们还会有各种各样的身份。无论处在哪个位置上，我们都应该有敬业精神。现在，我们是康复专业的学生，就要勤奋刻苦地学习，努力掌握康复治疗的技能；以后，我们会成为康复治疗师，就要耐心帮助患者康复，增强其肢体功能，让患者恢复自信，提高生活质量。我们在人生的各个阶段都应该恪守敬业精神，努力做最好的自己，不负青春，不负韶华！

（指导教师：杨立红、项银霞）

爱岗敬业　奉献青春

胡芳玲

《雷锋日记》中有这样一段话：“如果你是一滴水，你是否滋润了一寸土地？如果你是一线阳光，你是否照亮了一分黑暗？如果你是一颗粮食，你是否哺育了有用的生命？如果你是一颗最小的螺丝钉，你是否永远坚守在你生活的岗位上？”[①]这段话告诉我们，无论在什么样的岗位，无论做着什么样的工作，都要发挥作用，都要作出贡献。

那什么是爱岗呢？

爱岗，首先要敬业。所谓敬业就是用一种严肃、认真、负责的态度对待自己的工作，勤勤恳恳、兢兢业业、忠于职守、尽职尽责。我国古代思想家非常提倡敬业精神，孔子称之为“执事敬”，朱熹解释为“专心致志以事其业也”。我想，岗位就意味着责任。我们要高标准、高质量地完成工作，必须要有强烈的责任意识，必须要有认真负责的态度。我们每个人都有自己的岗位，都承担着繁重的工作，没有高度的敬业精神和极强的责任心就不可能做好本职工作。

有“中国肝胆外科之父”之称的吴孟超院士，从医70多年，救治了超过2万名肝胆病人。他说：“虽然退休了，但只要组织需要，只要病人需

---

①《雷锋日记》，北京联合出版有限公司，2021年，第1页。

要，我随时可以进入战位，投入战斗！”在这70多年里，他自主创新了30多项重大医学成果，创建了我国肝脏外科论基础，主刀完成了包括我国第一台中肝叶切除术在内的1.6万多台重大肝脏手术，使我国肝脏疾病的诊断准确率、手术成功率和术后存活率均达世界领先水平，肝癌患者术后最长存活达45年。如今全国肝胆外科的专家和医生中，八成以上都是他的学生。吴孟超常说：“一个医学家应该把国家和人民的需要作为终身追求。”这就是医者的敬业精神。敬业精神是人们基于对一件事情、一种职业的热爱而产生的一种全身心投入的精神，是社会对人们工作态度的一种道德要求，其核心是无私奉献。

爱岗，其次要精业。所谓精业就是要“干一行、爱一行、精一行”，成为本专业的行家里手。只有精业，工作才有底气，事业才有生气。一个人在人生不同的阶段可能会面临不同的岗位。不同的岗位，有不同的业务。我们要想成为本专业的行家里手，就必须勤于学习、善于学习。

“选择医学可能是偶然，但你一旦选择了，就必须用一生的忠诚和热情去对待它。”这是钟南山院士说过的话。这句话，道明了医生的职责和精神。

爱岗，还要奉献。“春蚕到死丝方尽，蜡炬成灰泪始干”是对奉献的最好注解。正如日本松下电器创始人松下幸之助说的那样：“上天赋予的生命，就是要为人类的繁荣、和平和幸福而奉献。”因为，一滴水只有融入大海才不会干涸，一个人只有将个人的价值与集体的利益结合起来，才会充分发挥聪明才智，生命价值才能得以完美实现。所以，讲奉献应该成为我们所有人的精神追求！

爱岗，是我们的职责；敬业，是我们的本分；青春，是我们的资本；奉献，是我们崇高的追求。我们在平凡中奉献，在奉献中收获。

我们每个人都应该认真地想一想，自己的肩上担负着什么样的责任。

光荣的人民教师，他们的责任是为人师表，传授知识，让孩子茁壮成长；威武的军人，他们的责任是服从命令，完成任务，为祖国的繁荣和人民的幸福保驾护航；令人尊敬的白衣天使，他们的责任是救死扶伤。作为祖国的未来，我们的责任是什么？是无私奉献，敬业爱岗！

我怀着一颗崇敬的心，默默地注视着身边那些平凡、朴实而又可爱可敬的人。他们征战在荒郊野外，当太阳炙烤大地的时候，他们仍举着焊枪，在高温下坚持作业，在绚丽的焊花中宛如一尊雕像；他们在泥泞的管沟里忙碌，当寒冬袭来的时候，若需要躺在冰冷的泥水中施焊，他们也会毫不犹豫……他们太平凡了，坚守着同样平凡的岗位。强烈的责任感和敬业精神早已根植在他们的心里，融入他们的血脉之中。

我们没有优美的歌曲来歌唱无私奉献的人，没有华丽的诗篇来赞美忠于职守的人，但是，我们要用实际行动证明我们无悔的青春！

爱岗敬业要从我做起，从现在做起，从小事做起。多一抹微笑，多一份责任与担当，生活一定会变得更加美好。回顾过去，把握现在，展望未来，我们始终坚信：坚守初心，方得始终。

（指导教师：江英、阚峻岭）

爱岗敬业　恪尽职守

王　轩　李　婷

首先来谈一下我们对敬业和梦想的理解吧。我们认为梦想是敬业的基础，当梦想成为奋斗的目标，人们朝着它不断前进，那么敬业也就在其中了。

可敬业是什么呢？敬业这个词从哪里来？我们又应该如何去诠释它？

中华民族素有敬业的传统。“敬业”一词最早见于《礼记·学记》：“一年视离经辨志，三年视敬业乐群。”敬业本义指对学业的专注，后引申为人们对所从事职业的认同与专注。敬业是人们工作的基本准则，是人们对事业的热爱。有了这份热爱，便会激励你毕生为之不懈奋斗，对生活充满信心，为造福社会贡献自己的一份力量。敬业是灯，指引前进的道路；敬业是光，照亮黑暗的角落；敬业是雨，滋润干涸的大地；敬业是火，温暖人们的内心。在人类社会的发展历程中，敬业精神无处不在。

袁隆平研究的杂交水稻为饱受饥饿折磨的中国人带来了生的希望；邓稼先研究的核武器为祖国安全添上了浓墨重彩的一笔。他们都挥洒了汗水，奉献了自己的美好青春年华，投身于自己热爱的事业，最终获得了巨大的成就。他们都是敬业的典范。

现如今，中国仍不乏勇扛国家大任的青年。“奋斗者”号总设计师、

“蛟龙”号深海载人潜水器首席潜航员叶聪，付出巨大努力，让大国重器落地；嫦娥团队中那些年轻的“90后”，同前辈合作将中国的“兔子”送上月球；哈工大那群二十几岁的青年，成功在轨抢救回了“龙江二号”并拍下了被世界称赞的“最棒的地月合照”……这些走在时代前列的年轻人，完美地诠释了什么是承担责任，振兴国家。他们也是敬业的楷模。

古人云：不积跬步，无以至千里；不积小流，无以成江海。人生可以平凡，但不可以平庸；人生不一定要伟大，但一定要崇高。我们要做平凡而高尚的人，勤勤恳恳、诚实守信、无私奉献。

“如果你是一滴水，你是否滋润了一寸土地？如果你是一线阳光，你是否照亮了一分黑暗？如果你是一颗粮食，你是否哺育了有用的生命？如果你是一颗最小的螺丝钉，你是否永远坚守在你生活的岗位上？”[①]《雷锋日记》里的这段话告诉我们，每一种角色都有自己的作用。作为当代大学生，我们的主要任务就是好好学习，提升自己的专业技能，树立远大理想，扬起梦想的风帆，以敬业精神激励自己努力前行。这样，我们才能有所收获，有所成长，才能站在光亮的地方，活成自己渴望的模样。

（指导教师：黄金满、周婧晗）

①《雷锋日记》，北京联合出版有限公司，2021年，第1页。

以奋斗之青春书写新时代的人生华章

陈雪梅　李　秋

朱熹说："主一无适便是敬。"用现在的话讲，凡做一件事，便忠于一件事，将全副精力集中到这事上头，一点不旁骛，便是敬业。

从古至今，成就伟业者大都是从敬业开始的。鲁迅先生崇尚"俯首甘为孺子牛"的精神，认为敬业关乎民族振兴大业。雷锋更是敬业楷模，他以"螺丝钉"的精神，把青春献给了祖国。

青春是人生中最美好的年华，不断奋斗才能使我们的青春充满激情与活力，才能实现我们的追求。习近平总书记在党的十九大报告中指出："广大青年要坚定理想信念，志存高远，脚踏实地，勇做时代的弄潮儿，在实现中国梦的生动实践中放飞青春梦想，在为人民利益的不懈奋斗中书写人生华章！"①

实践是认识的基础，是检验真理的标准。"社会主义是干出来的""实干兴邦、空谈误国"，实干精神是我们党的宝贵财富。

有那么一大群青年人将敬业精神展现得淋漓尽致。面对2020年的新冠肺炎疫情，他们发扬敬业精神，脚踏实地地做好疫情防控工作。他们奋

---

① 习近平：《决胜全面建成小康社会　夺取新时代中国特色社会主义伟大胜利——在中国共产党第十九次全国代表大会上的报告》，人民出版社，2017年，第70页。

斗在疫情防控的各条战线上，不惧风雨、勇挑重担，让青春在党和人民最需要的地方绽放绚丽之花。在4.2万多名驰援湖北的医护人员中，有1.2万多名是“90后”，其中相当一部分还是“95后”甚至“00后”。他们应呼而至，挺身而出，态度坚决，用实际行动扛起“硬核担当”。

“如有不幸，请捐献我的遗体研究攻克病毒。”她叫李慧，是“95后”，武汉科技大学天佑医院肿瘤科的一名护士，外号“李坚强”。她虽然不是最优秀的，但关键时刻她不退缩，用青春与奉献担起了社会的责任，成为国家可靠的中坚力量。

“等战胜疫情，再结婚也不迟。”本应该穿上婚纱的她，却成了“落跑新娘”。她叫黄英，是华中科技大学同济医院中医科2019年新入职的医生。面对疫情，她毫不退缩，始终冲锋在防控一线。

“我不怕死，只怕今生有憾。”志愿者郑能量，人如其名，有着满满的正能量。“90后”的郑能量在除夕夜当晚开着刚买的车从湖南长沙出发，踏上驰援武汉的征程。接医护人员、运送抗疫物资……他自愿接受最脏最累的任务，逆风而行，英勇不屈。

习近平总书记在党的十九大报告中指出：“青年一代有理想、有本领、有担当，国家就有前途，民族就有希望。”[①]希望我们每一位青年在接下来的每一天都能勤学本领、善于思考，在参与社会发展中实现个人价值，找到人生的坐标与意义。

人生就是一个拥有梦想、追求梦想、实现梦想的过程。正值青春的我们拥有春天的朝气、夏天的热烈、秋天的成熟、冬天的坚强。青春是用来奋斗的，理想是用来实现的，让我们用青春的奋斗来实现个人理想，用集体的力量成就中国梦想！多年后，愿我们都能成为国家的中流砥柱，用我

① 习近平：《决胜全面建成小康社会 夺取新时代中国特色社会主义伟大胜利——在中国共产党第十九次全国代表大会上的报告》，人民出版社，2017年，第70页。

们的专业、理想、情怀为社会主义现代化建设事业奋斗。愿我们都有光明的未来！

（指导教师：黄金满、周婧晗）

爱岗敬业　奉献青春

余　愿

电影《横空出世》讲的是20世纪50年代，我国原子弹从开始研究到最后成功爆炸的那段艰难史，电影在塑造冯石、陆光达等主人公为国为民、无私奉献的形象的同时，重点诠释了一个随着时代发展而产生的新词——匠人精神。而匠人最鲜明的特征便是敬业。

那么究竟什么是敬业呢？从字面意思来看，“敬”的含义是恭敬、端肃，是指人应该具有的内在修养；“业”指的是现在所从事的工作，即任务或学业。因此，敬业即指敬畏和热衷于自己所从事的学业和事业。

“他是一位真正的耕耘者。当他还是一位乡村教师的时候，已经具有颠覆世界权威的胆识；而当他名满天下的时候，却仍然只是专注于田畴。淡泊名利，一介农夫，播撒智慧，收获富足。他毕生的梦想，就是让所有的人远离饥饿。”他便是著名的“杂交水稻之父”——袁隆平教授。感动中国给袁隆平教授的一段颁奖词，非常贴切地诠释了贯穿袁隆平爷爷一生的家国情怀和敬业精神。因为他的无私奉献，爱岗敬业，我们才顺利地解决了温饱问题。

在新冠肺炎疫情阻击战中，大家对钟南山这个名字再熟悉不过了。正是因为钟南山院士，以及无数个像他那样的逆行战斗的医护、警察、志愿者等人员的爱岗敬业和齐心协力，疫情才能得到迅速且有效的控制。

习近平总书记曾说过，“青年一代有理想、有本领、有担当，国家就有前途，民族就有希望”[①]。作为新一代的青年人，我们应该牢记使命，把个人梦想汇入时代洪流，让蓬勃青春与家国情怀共鸣，在实现中国梦的生动实践中放飞青春梦想，在为人民利益的不懈奋斗中书写人生华章！

（指导教师：魏冬捷 王振龙）

① 习近平：《决胜全面建成小康社会　夺取新时代中国特色社会主义伟大胜利——在中国共产党第十九次全国代表大会上的报告》，人民出版社，2017年，第70页。

思敬业

杨旭龙　杨梦晴　余文惠

何为敬业？敬业就是专心致志，心无旁骛。

古往今来，敬业的楷模数不胜数。“鞠躬尽瘁，死而后已”的诸葛亮从带兵打仗到治理国家，一生不辞辛苦，为国为民，将敬业做到极致，流芳千古。“捧着一颗心来，不带半根草去。”这是著名教育家陶行知先生的一句话。陶老先生一生致力于教育救国，全心全意地付出，是教育路上的敬业楷模。

2020年突如其来的新冠肺炎疫情打乱了我们的生活。那段时间我们经历了很多事，更是听说了很多人。他们或远或近，或陌生或熟悉，每一个人、每一件事都给我们留下了深刻印象。在疫情面前，民警坚守岗位、恪尽职守，没有任何退缩，他们用挺拔的身躯为人民群众筑起一面阻止病毒更快传播的“防护墙”；环卫工人每天做着清洁和消毒工作，为城市披上了一件“防护衣”；医护工作者无畏死亡，不远千里奔赴抗疫前线，众志成城，废寝忘食，挽救了无数人的生命。

“最美老师”，她的学生这样说；“美丽小花”，她的同事这样说。她叫冀红，是北京大学人民医院心内监护室的一名护士，工作已有8年。“不用”是冀红的口头语，“寡言”是同事对她的印象。新冠肺炎疫情暴发后，北京大学人民医院闻令而动，立即组派医疗队驰援武汉，开展新冠肺炎医疗救治工作。冀红很早就给护士长王静发来信息，依旧寡言，信息中只有“报名”两个字。冀红的入党申请书中写着：作为一名医护工作者，我深知肩上的责任与期望。这次疫情来临时，我没有恐惧，没有退缩，有的是焦急的心，我恨不得插上翅膀飞到抗疫第一线。看到越来越多的病人求助，看到越来越疲惫的一线医务人员，看到我的同行们生病倒下，我泪流满面，作为一名护士，我内心深处有着重重的使命感。

哪有什么岁月静好，不过是有人在替我们负重前行。在这场没有战火和硝烟的战争中，那些坚持在一线的工作者置己安危于不顾，将人民群众的身体健康放在第一位，他们不愧为最美逆行者，更是当之无愧的敬业楷模。

可能还会有人问，我们为什么要敬业呢？答案很简单，因为国家与社会的发展进步、团队事业的成功、个人价值的实现，均依赖于敬业。

“凡事都要脚踏实地去作，不驰于空想，不骛于虚声，而惟以求真的态度作踏实的工夫。”李大钊的话，告诫我们脚踏实地才是做事应有的态度。作为医学生的我们要以学习为要，努力提高自身专业水平，培养敬业精神。在此我们想与大家共勉，让我们一起向前辈们学习，共同肩负起医学未来发展的重任吧！

（指导教师：林家虎、夏亚莉）

爱岗敬业　争做时代先锋

蔡开洲　程世纪　韩思龙

朱熹说，敬业就是“专心致志以事其业也”。即用一种恭敬严肃的态度对待自己的工作，认真负责、一心一意、任劳任怨、精益求精。

面对来势汹汹的新冠肺炎疫情，白衣战士逆向前行。他们用自己的行动诠释了何为敬业。大年三十，王长海医生义无反顾地加入应急救治队，成为安徽省第一批奔赴武汉、支援武汉的医疗队的一员。他犹如发动机一般，一直为救助病人而奔忙着。他说过，疫情不容小觑，再苦再累也要坚守，真的只为内心的那一点职业信念，为病人和家属那期盼的眼神。他的无私奉献彰显了“敬佑生命，救死扶伤，甘于奉献，大爱无疆”的职业精神。

那么，什么是敬业精神呢?

敬业精神是个体以明确的目标选择、忘我投入的境界、认真负责的态度，在从事自己职业时表现出的个人品质。1993年，在日本召开了国际无线电科学联盟大会，与会的科学家认为人类需要建设下一代射电望远镜以应对全球电波环境恶化。南仁东与几位同仁提议，应根据我国国情，建造我们自己的大望远镜。为此，南仁东付出了常人无法想象的艰辛与努力。为了找到最合适的地点，他翻山越岭，几乎踏遍了贵州大山的所有洼地，即便困难重重，疲惫不堪，也永不言弃。20多年来，南仁东一心想着铸就“天眼”，睡工地，爬高山，身体力行，一直在一线参与建设。这种敬业精神值得我们歌颂。

伟大的工作自然能够激发一个人的敬业精神，但是如果让我们几十年如一日地从事一些比较普通的工作，我们还会一直敬业吗？事实上，即便在平凡岗位上，也能绽放光彩人生。《雷锋日记》中有这样一段话：“如果你是一滴水，你是否滋润了一寸土地？如果你是一线阳光，你是否照亮了一分黑暗？如果你是一颗粮食，你是否哺育了有用的生命？如果你是一颗最小的螺丝钉，你是否永远坚守在你生活的岗位上？”①

王秋淑，一个普普通通的财务工作者，对待工作的态度却一点也不普通。为了保证款项支付的准确性，她认真核对一张张票据、一个个经济事项；对于异常款项，她挨个打电话去咨询业务单位；付款时，为了避免出现差错，她总是反复核对收款单位名称及账户，宁愿自己多受些累，也要保证企业资金的安全。她的同事认为她把爱岗敬业当成了习惯。

那么，我们应如何做到像他们那样敬业呢？

敬业首先要有积极的工作心态；其次要有守信、守诚、守业的职业操守；再次要杜绝畏难懒惰思想，发扬吃苦耐劳的精神。

一个人做到一时敬业容易，但要做到在工作中始终如一，将敬业精神当作自己的一种职业品质却是很难的。敬业精神要求我们做任何事情都善始善终。我们年轻人要始终恪守敬业精神，争做时代先锋！

（指导教师：林家虎、夏亚莉）

①《雷锋日记》，北京联合出版有限公司，2021年，第1页。

传承敬业精神

葛西钰

敬业是社会主义核心价值观在公民个人层面的价值准则，指专心致力于学业或工作，包括职业理想、立业意识、职业信念、从业态度、职业情感和职业道德等各个方面。敬业精神是人们基于对一件事情、一种职业的热爱而产生的一种全身心投入的精神，是社会对人们工作态度的一种道德要求。敬业的核心是无私奉献。

敬业是中华民族的传统美德。从古至今，中华民族就不乏具有伟大敬业精神的人，防控新冠肺炎疫情中涌现出的大批敬业工作者就是最有力的证明。他们用行动，用令世界震惊的抗疫成绩诠释了新时代的敬业精神。

敬业是什么？是84岁高龄的钟南山院士义无反顾地赶往抗疫最前线，是李兰娟院士不分日夜与病毒对抗留下的满脸压痕，是疫情期间快递小哥加速送达每一份物资，是交警大队“疫情在前，交警不退”的宣誓，是全体中国人在家坚持工作的认真负责……疫情是一场没有硝烟的战争，更是一场对人性的考验。幸运的是，在中国共产党的正确领导下，中华民族经受住了考验，敬业精神也在中国人民众志成城、团结一心抗击疫情的过程中得到发扬。

传承敬业精神具有重要的现实意义。

首先，敬业有利于提高职业技能。无论是用脚丈量了故宫、走破20多双布鞋的馆长单霁翔，还是“数字敦煌”的领跑者、“敦煌的女儿”樊锦诗，都有着相同的敬业精神，专注务实，将工作做到了极致。正因如此，他们才能在各自的职业领域作出不朽的成就。

其次，敬业有利于实现人生价值。拥有敬业精神，树立科学的人生观、价值观，爱岗敬业、尽忠职守，就是在做对人民、对社会有意义的事情，有利于获得社会的肯定，实现人生价值。铁人王进喜在自己的岗位上担当奉献、恪尽职守，不仅率领钻井队打出大庆第一口油井，还不顾腿伤，跳进水泥浆中，用身体制服井喷。他如钢铁般坚定的意志，让他成为后人的精神楷模。

最后，敬业有助于国家的发展和社会的进步。国民拥有敬业精神，拥有良好的工作状态，整个国家也将因此受益。20世纪六七十年代，在科研环境极其艰苦的条件下，以身许国、青丝化作白发的“中国核潜艇之父”黄旭华和其他许多投身祖国科研的科学家一起夜以继日地艰苦研究，用计算尺和算盘算出了中国第一艘核潜艇，让中国成为世界上第五个拥有核潜艇的国家。历史经验告诉我们，只有让敬业成为全社会的一种风尚、一种追求，我们国家的各项建设才会更加稳固，各项事业才会有日新月异的进步。

传承敬业精神，身为大学生的我们又该如何做呢？

首先，要修德，即加强道德修养，注重道德实践；其次，要勤学，即下得苦功夫，求得真学问；最后，要立志，即树立职业理想，培养立业意识。

弘扬敬业精神，是个人进步、时代发展的共同要求。当前正处于实现中华民族伟大复兴的关键时期，新时代青年秉持敬业尽责的工作态度显得尤为重要。而我们作为新时代的中医传承者，在中医发展处于挑战与机遇并存之际，若将敬业当作人生追求中的一种境界，就会在学习上少一些拖延，多一些主动，少一些抱怨，多一些责任，少一些懒惰，多一些上进，享受学习中医专业科学文化知识给自己带来的快乐和充实感，为中医的传承发扬作出自己的贡献。

践行社会主义核心价值观，弘扬敬业精神，争做新时代的新青年，是党和国家对我们的期许，也应是我们自身的价值追求。让我们从现在做起，从工作生活中的小事做起，乐业、精业、勤业，脚踏实地、孜孜以求，为将来步入工作岗位打下坚实的知识基础。让我们一起书写无悔青春，成就美丽梦想！

（指导教师：魏冬捷、王菡文）

敬业，我们的人生底色

林庆衍　许　勇　张丽娟

从古至今，敬业的精神一直为人们所称颂。作为新时代的青年，培养敬业精神，是未来我们步入工作岗位的必备条件。只有担负起肩上的职责，敬畏自己的职业，才可绘出绚烂人生。

落实敬业精神，需具备以下条件。

一是扎实的专业知识基础。拥有扎实的专业知识是做好工作的必要前提，知识够扎实，能力够出众，才能作出优秀的成绩。

二是强烈的事业心。进取心、事业心是支撑我们不断前进的强大动力。

三是勤勉的工作态度。正如习近平总书记所说："生命里的一切辉煌，只有通过诚实劳动才能铸就。"[①]只有脚踏实地地工作，无怨无悔地付出，才能舞出自己的精彩人生。

四是积极向上的进取意识。锐意创新、精益求精的进取意识促使我们突破自己，向更远的方向探索。

五是无私奉献的精神。奉献是对我们的道德要求，是较难做到的一点，也是非常重要的一点。在工作中斤斤计较、患得患失的人，无法将全

①《习近平谈治国理政》，外文出版社，2014年，第46页。

部精力投入，也就无法达到敬业的高度。因此，无私奉献，忘我工作，是敬业精神的突出体现。

作为大学生，我们需要不断充实自己，为将来走上工作岗位储备知识，而在我们前面，无数的青年前辈已经褪去稚气，一心一意服务社会。新冠肺炎疫情期间，这样的例子比比皆是。我们看到了一批批挺身而出的优秀青年。朱海秀是一位22岁的护士，因怕家人担心，她没告知父母，独自来到武汉支援。当记者采访她，请她给家人报个平安时，她却拒绝了。她噙着泪水说不能哭，哭了护目镜就花了。

疫情之外，也有让人感动的尽职医生。林晓骥就是这样一位英雄。2013年，他为了照顾患癌的父亲每日来回奔波，但父亲最终还是离去了。他决心投入临终关怀工作。在他的不断努力下，300多名癌症晚期患者安详度过余生。

近几年，社会上频繁涌现出大学生村官的感人事迹。他们没有留恋大城市里的优越生活，而是投身于乡村建设，任劳任怨，甘于付出。黄文秀同志即是杰出代表之一。研究生毕业后，她回到自己家乡百色工作，带领400多名贫困群众脱贫，全村贫困率大幅降低。2019年6月17日凌晨，黄文秀从百色返回乐业途中，遭遇山洪不幸遇难。她的生命定格在芳华绽放的30岁。她用短暂的生命诠释了敬业和初心。

平凡的岗位成就不平凡的人，平凡的工作作出不平凡的成绩。19岁的收费员翁芯在工作中经常遇到不被理解的情况。前一秒被骂哭，后一秒她就抹掉泪水带上笑容服务。相关视频在网上走红后，众多网友给她加油打气。坚强的翁芯称自己只是做了该做的事，微笑服务是她的本职工作。

敬业不是一句空话，应该说，这是一种利己利人的态度。于己，敬业是对人生负责。事业是人生的重要组成部分，走出学校后的几十年，我们都将在工作岗位上创造自己的价值，而敬业能让我们的价值越发闪耀。于人，每个环节的敬业都会方便其他人的工作、生活，使社会更和谐高效地运转。当社会因每个人的敬业变得更好时，这份美好又会反哺每一个敬业的人，形成良性循环。

青年强则国强。一代代青年坚守敬业的信念，祖国因他们而充满活力，不断强大。现在，作为预备军的我们即将接过这份责任，我们虽稚嫩青涩，但都拥有敬业之心，有信心和勇气把未来的事情做好！

（指导教师：杨才宽、张旭）

医学生敬业精神的培养

李濛濛

“选择医学可能是偶然，但你一旦选择了，就必须用一生的忠诚和热情去对待它。”这是“共和国勋章”获得者钟南山说过的话，这句话道明了医学生应该有的敬业精神。敬业精神是人们基于对一件事情、一种职业的热爱而产生的一种全身心投入的精神，是社会对人们工作态度的一种道德要求，其核心是无私奉献。中华民族历来有“敬业乐群”“忠于职守”的传统，早在春秋时期孔子就曾言“执事敬”“事思敬”“修己以敬”，主张人始终要勤奋、刻苦，为事业尽心尽力。宋朝朱熹曰：“敬业者，专心致志以事其业也。”他告诫后人用一种恭敬严肃的态度认真对待自己的工作，一心一意，精益求精，脚踏实地地将事情做好。

党的十八大以来，习近平总书记高度重视中医药事业的发展，并就此作出了一系列重要指示批示，使中医药事业的发展迎来天时、地利、人和的大好局面。近年来，中医药在满足人民群众健康需要等方面的作用越来越显著，特别是在新冠肺炎疫情防控中，中西医并重、中西药并用的治疗手段成为我国抗疫方案的亮点，为成功战胜疫情作出了重要贡献。中医药再次彰显了中华民族原创科学和传统文化的价值和优势。作为一名中医药院校的大学生，我深知敬业精神的培养对于祖国中医药事业的高质量发展至关重要，我们只有意识到敬业精神的重要性，并将敬业精神内化为投身祖国中医药事业发展的鸿鹄之志，才能够紧随时代步伐，不断创新，为社会创造更多的价值，为国家贡献更多的力量。

敬业精神的培养包含“德”和“术”两个方面，正如古人所言“德为医之首，术为医之基”。“德”即医生的职业道德。唐代孙思邈所作《备急千金要方》的第一卷《大医精诚》中即有关于医德的解释：“若有疾厄来求救者，不得问其贵贱贫富，长幼妍媸，怨亲善友，华夷愚智，普同一等，皆如至亲之想……”“术”即职业技能，《大医精诚》称学医之人“必须博极医源，精勤不倦，不得道听途说，而言医道已了，深自误哉！”

孙中山先生曾说：“天下事业的进步都是靠实行。”[①]在最平凡的岗位上，只要怀着敬业精神努力工作，一样可以作出不平凡的业绩。我们当不了横空出世的救世主，但我们可以努力提高自己的技术水平，让每一个病人都能得到救治；我们不是划破暗夜的流星，但我们可以在病人需要的时候第一时间出现在他们身边，帮他们尽早摆脱病痛的折磨；我们并非绚丽的春花，但我们可以微笑面对每一位病患，让他们重新焕发生命的活力。让我们怀着敬业的精神，认真地做好每一件事！

（指导教师：欧阳菁菁）

---

①《孙中山全集》第九卷，中华书局，1986年，第323页。

余生为医　躬身行之

朱美云　殷谢云　王新悦

诚如孙思邈在《备急千金要方》中所言：“人命至重，有贵千金，一方济之，德逾于此。”生命无价，最高尚的品德莫过于开药方治好病人。行医之人，始终恪守为医之道，保持医乃仁术的初心，并尊重每一个个体，治病救人，便是敬业。

医之道，仁心仁术

中华5000多年浩荡的历史长河中曾涌现出一批又一批优秀的中医，他们胸怀大慈恻隐之心，用精湛的医术护佑着人们的健康。在他们之中，“医圣”张仲景无疑是一颗耀眼的明珠。

张仲景，名机，字仲景，东汉末年人。众所周知，东汉末年，战火纷飞，灾害连绵，疫病流行。“白骨露于野，千里无鸡鸣”是当时的真实写照。张仲景的家族原有200多人，但从建安元年以后，不到十年时间，就有三分之二的人员因疾病而死亡，其中死于伤寒者约有十分之七。面对这一残酷现实，张仲景发愤钻研医术，勤求古训，博采众方，潜心研究《素问》《九卷》《八十一难》《阴阳大论》等医书，汲取当时医家及劳动人民长期同疾病作斗争的经验，并结合他本人的临床体会，写出了流传千古的著作——《伤寒杂病论》。该书所阐发的辨证论治法则，融理法方药于一体，将中医学的基础理论与临床实践密切结合在一起，为后世中医临床提供了绝佳的理论依据。

医者，仁术也。有术而不仁则贪，仁而无术则庸。君子务本，本立而道生。我们评价一位德高望重的医者，会说这是位有道行的大夫，而医之道便是医者以德立本，有兼济天下的仁爱心，有普救世人的同情心，而后精于医术，有药到病除、妙手回春的能力。学医很苦，责任很重，道德要求很高，但既然选择了医生这个行业，便应该以古代大医为榜样，培养高尚的精神境界并做好业精于勤的准备。这是我们的职业使命，也是对生命更高层面的尊重。

医之道，在于行

当今社会，医护人员的敬业精神时常感动着我们。同济医院中医科黄文雅医生为救人而推迟婚礼；王锦萍医生独自坚守海岛34年，成为海岛村民最信赖的“120”。这样的案例不胜枚举。很多时候，让我们感动的不是医生这个职业，而是医生忠于职守、认真工作、踏实负责的职业行为。

为抗击新冠肺炎疫情，2020年初全国4万余名医护人员毅然驰援湖北，用实际行动践履了白衣天使的责任与担当。我们称他们为最美逆行者！他们奋然冲进最危险的地方，坚守岗位，所依凭的不仅是一种敬业精神，更是一种爱国与奉献精神！王欢欢，一名护士，春节前她就进入发热门诊值守，连续在一线奋战十多天，整个春节假期都没有休息。有人关心她：“别这么拼，休息一会。”她笑着说：“没事，我是党员，是护士，关键时候我不上谁上？”她不敢告诉年迈的父母自己在危险的地方值守，对年幼的孩子也只能强忍思念。

我们在为他们自豪的同时，难道不应更加努力，奋起直追吗？青春不仅仅是一声声赞美，更是希望与使命。医之路，虽漫长而艰辛，却不乏诗与美。

（指导教师：李忠萍、张旭）

承敬业之志　守杏林初心

周夕入

我国历代名医宿儒都强调敬业奉献精神并身体力行。早在《论语》中，孔子就曾言“事思敬”，意即对待工作必须专心致志、严谨认真。“药王”孙思邈强调大医精诚，“精”指技艺精湛，“诚”指品德高尚。想要达到精湛的境界，少不了对医术的钻研和反复的临床实践。名医张仲景在东汉末年战火纷飞的年代，亲眼看见周围许多人因伤寒而死去。于是，他不断地寻找方法、不断地实践，并将自己的经验记录下来，完成了《伤寒杂病论》，造福了一代又一代人。这何尝不是一种坚守与敬业？

对于中华优秀传统文化中的敬业精神，我们应该很好地传承。作为医学生的我们必须时刻铭记医学职业精神，而敬业奉献精神又是医学职业精神的题中应有之义。

医学职业精神包含以下四个部分：职业立场，即世界公认的人道主义、利他主义立场；职业目的，即救死扶伤；职业态度，即爱岗敬业、恪尽职守；职业理想，即医乃仁术、大医精诚。

将敬业二字拆开来看，“敬”就是尊敬、敬重的意思，而“业”则不仅可以指职业，也可以指学业，甚至可以理解为手头上所做的所有事情。敬业更多表达的是对于所做事情的一种认真负责的态度。

作为医学生，我们要勤思考所学知识可以运用到临床哪些方面，应该怎样运用。不同阶段学习到的知识就好像是一个个台阶，有了这些台阶就可以站得更高，看得更远，眼界也会更加开阔。

我们中的绝大部分人今后都会走上医护岗位，希望大家都能够牢记“健康所系，性命相托”的誓言，继承和发扬敬业精神，努力做到“承敬业之志，守杏林初心”，在敬业奉献中实现自己的个人价值和社会价值。

（指导教师：王炤、张梅）

学医路上的敬业之心

刘　桐

敬业是中华民族的传统美德。孔子主张“敬事而信”“执事敬”，《礼记》中也有“敬业乐群”的说法。及至近代，梁启超在《敬业与乐业》一文中对敬业作了专门阐述：“凡做一件事，便忠于一件事，将全副精力集中到这事上头，一点不旁骛。”爱岗敬业这种内在的精神力量，能够激励人们认真工作。一个人只有具备爱岗敬业的精神，才会全身心地投入工作中去；只有具有爱岗敬业的精神，才能不断提高自己的职业素养，在工作中最大限度地发挥自己的潜能，从而实现自身的价值。

然而，怎样才能够做到爱岗敬业呢？第一，要热爱职业。热爱是我们前进的最大动力，只有热爱，才能在自己的岗位上发挥最大的价值。神农氏凭借着对医学的热爱，尝遍百草，拿自己的身体做实验，才分清了药材的性味。有人说：“伟大的工作能够激发一个人的敬业精神，如果让我们几十年如一日地从事比较普通的工作，怎么可能一直敬业呢？”当然可能！密码就是热爱，唯有热爱，才会有持之以恒的敬业精神，以至在平凡的岗位上也能作出惊天动地的事来。海尔集团创始人张瑞敏曾言：“把每一件简单的事做好就是不简单，把每一件平凡的事做好就是不平凡！”只有热爱医生这一职业，我们才能以正确的态度对待自己的劳动，并从中获得幸福感、荣誉感。

第二，要勤于业务。中医药行业的最高荣誉国医大师的评选，其中一条标准是，从事中医临床或炮制、鉴定等中药临床使用相关工作50年以上仍坚持临床工作，经验丰富，技术精湛。这一标准也从侧面体现出每一位国医大师的工作时长，是对医师勤于业务的要求。诺贝尔生理学或医学奖获得者屠呦呦，从中医药中寻找抗疟新药。40年里，她带领团队夜以继日地进行了191次实验，克服了重重困难，才成功地从青蒿中提取出抗疟药物——青蒿素。

第三，要精于钻研。李时珍在写《本草纲目》的时候，为了查明蕲蛇的习性与药用价值，在当地捕蛇者的带领下，冒着生命危险，前往蕲蛇的聚集地龙峰山，深入地了解蕲蛇的形态、喜食的植物，并将之载入典籍，纠正了很多人对蕲蛇的错误看法。此外，在当时人们对穿山甲的医药价值及具体习性均不了解，李时珍前往有穿山甲的地方，亲自观察穿山甲，并将穿山甲喜食蚂蚁的习性载入书中，解开了人们的疑惑。李时珍用了近30年的时间编成《本草纲目》，其中收载药物1892种，附药图1000余幅。为了确保书中内容真实可靠，他查阅大量典籍，足迹遍布全国。这种严谨的治学态度，以及脚踏实地的务实作风，是对敬业精神的最好诠释。

网上有句口号“不爱岗就会下岗，不敬业就会失业”，爱岗敬业的根本就是做好本职工作，抓牢分分秒秒。作为临床实习生，我们需要听从带教老师的安排，做好量血压、测血糖等基本工作；作为轮转规培生，我们需要听从科室规培专员的指挥，做好接收病人、书写病历等一系列事情。不积跬步，无以至千里；不善小事，何以成大器？面对工作，从我做起，从小事做起，就是在发扬爱岗敬业的精神。

正值青春的年纪，正是奋斗的阶段，让我们珍惜时光，热爱事业，共同去创造属于我们的未来！

（指导教师：段雷）

承敬业之志　闪青春之光

郑　爽

敬业是一种美德，是一个人对自己工作的基本尊重，是一种发自内心的持久的动力。

敬业首先要恪尽职守。敬业要求我们用一种恭敬严肃的态度对待自己的工作。敬业其次要勤奋努力。敬业要求我们拥有一颗热爱的心，全身心地将精力投入自己热爱的事业中。敬业最后要精益求精。只有干一行、精一行，才能在自己的岗位上取得突出的业绩。

2020年新冠肺炎疫情暴发，无数医务人员挺身而出，身体力行诠释敬业的内涵。上海医疗救治专家组组长、华山医院感染科主任张文宏呼吁所有党员医生奔赴前线。他的一席话充满正能量！意外成为“网红”之后，许多媒体要采访张文宏，但他一一拒绝。他认为，多一些时间就可能多救一个病人。

李兰娟，中国工程院院士，中国感染病学家，在春运临近高峰，武汉疫情呈蔓延态势时，顶着压力提出封一座城、护一国安康的建议。

敬业是守护群众健康，奉献专业力量。在与疫情的正面交锋中，发热门诊的一线医护人员冲锋在前，尽己所能，为守护人民群众健康忘我付出。

身为医学生的我们应该如何弘扬敬业精神，让我们的青春焕发光彩呢？首先，我们要深刻认识敬业的意义和价值；其次，我们要自觉、自主地培养敬业的意识。

中医学有数千年的悠久历史，“历千劫而不朽，虽百代而长兴”。历代医家形成了大医精诚的优良传统。作为中医专业的学生，我们应该向前辈学习，将敬业精神落实到自己未来的职业中。

习近平总书记说：“新时代中国青年要继续发扬五四精神，以实现中华民族伟大复兴为己任，不辜负党的期望、人民期待、民族重托，不辜负我们这个伟大时代。”①

让我们牢记“业精于勤荒于嬉，行成于思毁于随”的古训，以敬业精神照亮青春梦想。

（指导教师：王炤、张梅）

① 习近平：《在纪念五四运动100周年大会上的讲话》，人民出版社，2019年，第6页。

素其位而行　不愿乎其外

黄功宇

《中庸》有言："君子素其位而行，不愿乎其外。"这句话的含义是君子安于现在所处的地位，做当下应做的事，不生非分之想。

孙中山先生在《建国方略》中言："发展之权，操之在我则存，操之在人则亡。"[①]新时代为青年们搭建了实现梦想的舞台，青春年华为青年们提供了放飞梦想的翅膀。我们深知，青春只有在为祖国和人民的真诚奉献中才能更加绚丽多彩。

个人理想与社会理想的统一

正所谓"得其大者可以兼其小"，将个人理想融入社会理想之中，在为实现社会理想而奋斗的过程中实现个人理想，这是大学生成长成才的必由之路。

鲁迅先生是将个人理想与社会理想统一的典范。他的文学理想与社会理想是一脉相通、相辅相成的。社会理想孕育了其文学理想，而文学理想具体化了其社会理想。他说："我也并没有要将小说抬进'文苑'里的意

① 孙中山：《建国方略》，中国长安出版社，2011年，第107页。

思，不过想利用他的力量，来改良社会。”[①]这正印证了个人理想以社会理想为指引，而社会理想是对个人理想的升华。这理想不是清晨早露，而是石缝中迸出的花；这理想不是无源之水，而是扎根于土壤的木。

为实现中国梦注入青春能量

在认识到个人理想和社会理想应统一的前提下，我们应当确立怎样的理想？习近平总书记在知识分子、劳动模范、青年代表座谈会上提出：“要以国家富强、人民幸福为己任，胸怀理想、志存高远，投身中国特色社会主义伟大实践，并为之终生奋斗。”[②]青年大学生应将眼界放开些，我们肩负实现中华民族伟大复兴的历史重任，我们应立为国奉献之志，为人民服务之志。

正所谓志不求易，事不避难。在今天，无论是怎样的工作，只要是服务于祖国和人民的，就值得我们去做。作为医学生，我们时刻铭记这样的誓言：我志愿献身医学，热爱祖国，忠于人民，恪守医德……为祖国医药卫生事业的发展和人类身心健康奋斗终生。

九州之上，不同地方、不同职业的人都在做着自己的事，这些细小河流最终都汇聚成一条主流——建设中国特色社会主义伟大事业。

新时代，青年大学生唯有识本我，立大志，躬行之，方能敬本业，立壮业。

（指导教师：杨才宽、王振龙）

① 《鲁迅全集》第五卷，花城出版社，2021年，第51页。

② 《习近平关于社会主义文化建设论述摘编》，中央文献出版社，2017年，第130页。

爱国敬业　成人成才

丁志俊

爱国、敬业是社会主义核心价值观的重要组成部分，是国家和社会对公民的道德要求，是公民应该遵守的基本道德规范。成人成才是父母与师长对我们的殷切期望。

爱国是基本要求

你是中国人吗？你爱中国吗？你愿意中国好吗？

这是南开大学前校长张伯苓提出的“爱国三问”。习近平总书记在考察南开大学时指出，这既是历史之问，也是时代之问、未来之问。闻一多先生说，爱国主义是人民群众对自己祖国的直接感受和情感体验。他的《七子之歌》更是以拟人的口吻，表达了“失地”对祖国母亲的深深眷恋。作为当代大学生，我们要深思这三个问题，用自己的行动把这三个问题回答好。

敬业就是爱国

爱国并非一时兴起，也绝非信口开河，而是一种发自肺腑的深沉情怀，更是一种实实在在、坚持不懈的行动。爱国的重要表现就是爱岗敬业。

2018年，连接香港、澳门和珠海的桥隧工程——港珠澳大桥工程完成验收并投入运营。大桥从设计到建成历时14年。这背后是无数工程师对55公里的桥梁精确到厘米的精益求精，是设计师对数万吨塔梁结构在空中翻转的一丝不苟，是工作团队先后完成相关课题并取得多项创新性研究成果的拼搏。

2020年，新型冠状病毒肆虐，在这场战役里，医护人员是最勇敢的逆行者。他们从各个地方集结起来奔赴疫情防控一线。我的高中同学的母亲是一名医护人员，在疫情初期加入了远赴武汉的医疗队。她虽然不愿母亲远赴武汉，但她也明白，计利天下者，才能“眼放长空得大观”。她称母亲为英雄，自豪地说“我能做的，唯有支持与祝福”。

不同的工作岗位上，大家都扮演着不同的角色。我们是学生，虽说还未正式踏入工作岗位，但也有自己肩负的责任。在课堂上，老师教育我们，敬业就是恪尽职守，就是专心致力于学业；在实习岗位上，前辈告诫我们，敬业就是兢兢业业，就是认真负责地对待每一项任务；在校园里，学长、学姐告诉我们，敬业就是学业有成，仔细听每一节课与每一场讲座，高质量完成每一份自主学习报告。

敬业的路径

那么，如何做到敬业呢？

敬业必须知业。作为安徽中医药大学的学子，我们要牢记“至精至诚，惟是惟新”的校训。在课堂上，我们要努力学习中医药文化知识，熟悉掌握每一个知识点。临床专业的同学，要立足于本专业，重点学习中基、中诊等课程，记录病历、诊断情况，对以后见习、跟诊有初步的了解；药学专业的同学，要学好药理、药化等课程，多实验、多总结，为以后进行专业性研究打下基础。

敬业必须爱业。爱业就是热爱所从事的行业，作为中医药院校的学生，我们要热爱中医药，要树立高度的中医药文化自信，要相信中医药产业的未来，要积极承担繁荣中医药文化产业和全民健康事业的时代重任。新时代，国家推出了《“健康中国2030”规划纲要》，我们应当抓住机遇，为医药卫生建设事业添砖加瓦。

敬业必须精业。精就是精通，即对自己的行业有深入的了解，要争当高精尖人才，锤炼过硬的本领。我们医学生或者医学相关专业学生，以后都要进入各医药卫生领域，服务于千千万万民众。专业知识是岗位对我们的要求，而过硬的本领、更高的专业素质则是当下社会对我们的要求。

唯有敬业才能让我们保持一颗虔诚敬畏之心，进而成人成才。作为新时代的青年，作为祖国中医药文化的传承者，在学习中医药文化的路上，我们需要保持严谨的态度、钻研的精神，不忘学医初心，牢记医学使命。我相信，只要我们心怀敬畏，踏实做事，都会学有所获，业有所成！

（指导教师：邓明峰、王为）

爱国敬业　无私奉献

汪如萱　郝笑雨

古往今来，无数人身上彰显出爱国情怀，古有文天祥的“留取丹心照汗青”、龚自珍的“化作春泥更护花”；今有于敏、孙家栋等人在美好年华隐姓埋名研发国之重器，更有80多岁的钟南山院士奔赴武汉，救治患者。

爱国主义体现了人民群众对自己祖国的深厚情感，是归属感、认同感、尊严感与荣誉感的统一。在《七子之歌》中，闻一多先生用拟人的修辞手法，将被列强夺走的七块土地比喻成失去母亲的七个孩子。在字里行间，我们可以感受到诗人深深的爱国情感。

爱国、敬业息息相关。敬业就是专心致志以事其业，即用一种恭敬严肃的态度对待自己的工作，认真负责、一心一意、任劳任怨、精益求精。敬业精神是做好本职工作的重要前提和可靠保障。中华民族历来有敬业乐群、忠于职守的传统美德。

简言之，敬业就是恪尽职守，就是专心致力于学业或者工作。工作与还是学生的我们可能还会有一点距离，但是学业对于我们而言并不陌生。在一次英语考试中有一道翻译题目——港珠澳大桥，令人印象深刻。当看到港珠澳大桥这几个字时，我首先想到的是其背后的那份敬业精神。港珠澳大桥是中国境内一座连接香港、珠海和澳门的桥隧工程，位于中国广东省珠江口伶仃洋海域内。港珠澳大桥于2009年12月15日动工，2018年2月6日完成主体工程验收，同年10月24日上午9时开通运营。港珠澳大桥因其超大的建筑规模、空前的施工难度和顶尖的建造技术而闻名世界，凝结了无数人的智慧与辛勤付出。

2020年初，新冠肺炎疫情在中国武汉大面积暴发，每日感染人数的不断增加牵动着人们的心。在这场战斗里，医护人员是最勇敢的逆行者，他们在疫情防控的关键时刻挺身而出，在祖国和人民需要的关键时刻冲锋在前。一个个坚毅敬业的背影活跃在抗疫一线，用生命构筑“护城河”，守护着每一个人的健康与安全。

作为大学生的我们发扬敬业精神应该做到以下几点。第一，敬业应当爱岗。作为班级的一员，我们要积极配合班委的工作，而班委则应该全心全意为同学服务并且配合老师完成各项任务。第二，敬业必须知业。“至精至诚，惟是惟新”是安徽中医药大学的校训，作为学校的一分子，我们需要时时刻刻将其牢记于心。这是学校给我们提出的目标，更是学校对我们的要求。第三，敬业必须精业。我们需要不断学习以提高自己的文化水平，不断进取，更好地了解专业所学和专业所需，只有这样未来才能更好地敬业。

（指导教师：邓明峰、王为）

弘扬敬业精神

吴　珊　王楚楚

位不在高，爱岗则名；资不在深，敬业就行。爱岗敬业，是爱岗与敬业的合称，二者互为表里，相辅相成。

爱岗敬业的表现

想国家之所想、急国家之所急。“要以黄大年同志为榜样”，“学习他教书育人、敢为人先的敬业精神”[①]。这是习近平总书记对学习黄大年先进事迹的重要指示。黄大年把自己的工作当作实现一生价值的事业，把自己的事业当作保卫国家的战场，不惧苦难，也不怕任何牺牲，带领团队创造了多项“中国第一”。海阔心无界，山高人为峰。黄大年的信仰坚如磐石，把自己的梦想融入实现中国梦的壮阔奋斗之中，把自己的名字写在中华民族伟大复兴的光辉史册之上。历史和人民不会忘记他的贡献，他激励着我们为了梦想全力作战，激励着我们不畏困难执着向前。

李大钊曾说，凡事都要脚踏实地去作，不驰于空想，不骛于虚声，而惟以求真的态度作踏实的工夫。不驰于空想，是我们的精神状态；不骛于

---

①《习近平关于社会主义精神文明建设论述摘编》，中央文献出版社，2022年，第194页。

虚声，是我们的奋进姿态。我们需要迈着“不驰于空想，不骛于虚声”的步伐，找准“不驰于空想，不骛于虚声”的节奏，既看到光明前景，也看到任重道远，既憧憬美好未来，也不畏百转千回。

爱岗敬业成就青春梦想

《荀子·修身》中言：“道虽迩，不行不至；事虽小，不为不成。”人生短暂，韶华易逝，我们青年一代，理当爱岗敬业。既然我们选择了奋斗，就要风雨兼程、努力向前。

2019年4月30日，习近平总书记在纪念五四运动100周年大会上的讲话中提出：“青年志存高远，就能激发奋进潜力，青春岁月就不会像无舵之舟漂泊不定。”[①]五四运动距今虽已过百年，但五四先驱的爱国情怀和革命精神一直都在，并且时刻鞭策着我们奋发向上。

作为新时代的青年，我们在弘扬五四精神的同时，还要做到以下几点：一是要树立远大理想，树立对实现中华民族伟大复兴中国梦的信心，砥砺前行，让青春在创新创造中焕发光彩；二是要热爱祖国，听党话、跟党走，胸怀忧国忧民之心与爱国爱民之情，以一生的真情投入，让爱国主义的伟大旗帜在心中高高飘扬；三是要勇做走在时代前列的奋进者、开拓者、奉献者，在劈波斩浪中开拓前进，在披荆斩棘中改天换地，在攻坚克难中创造业绩，用青春和汗水创造出让世界刮目相看的新奇迹。

如今，越来越多的青年学子愿意将自己的人生同祖国发展联系在一起。海南定安“最美村官”张译尹，面对质疑，脚踏实地，想村民所想、急村民所急，一心一意为大家谋福利，解决了抗洪抢险、筹资修路等一系列难题。在她的带领下，天池村一改以往“问题村”的称号，真正成为

① 习近平：《在纪念五四运动100周年大会上的讲话》，人民出版社，2019年，第6页。

“上有瑶池，下有天池”的文明生态村。张译尹的事例告诉我们：人生就是一个发现梦想、追求梦想、实现梦想的过程，只要你愿意努力，就一定能够有所成就。

青春是用来奋斗的，理想是用来实现的。让我们一起燃烧青春的斗志去实现个人理想，用集体的力量去成就中国梦吧！

（指导教师：李新军、胡静娴）

努力奋斗，做一名真正的敬业者

王慧慧

一座充满活力与生机的城市，自然离不开各行各业劳动者的奋斗。一代又一代有志青年将个人命运融入国家富强的滚滚洪流，用青春和热血书写了壮丽的历史篇章。这是时代的主流，也是青年的主流。

我们的社会应该是敬业的社会，同样也应是敬人的社会，因此我们应将“敬大义”的要求铭记于心，而不应让敬业异化为一种牺牲自己的行为。否则，不但会给人们造成敬业就是牺牲的错觉，给那些作秀式敬业的沽名之辈留下空间，还会让踏实肯干、心有大义的人得不到认可与温暖。我们应学会从每一个平凡的岗位上，从没有牺牲的故事里品味“敬大义”的涓涓细流，而无须执着于牺牲自己照亮大家的那一瞬间的烟火。

敬业就是尊敬并专心致力于所从事的职业，认识到这份职业给自己带来的是能力的提升和成功的喜悦。古今中外，敬业被许多有志之士视为人生的圭臬。他们充满智慧，带着敬业精神站在时代的浪尖。思接千载，儒家先哲告诫我们一生要始终勤奋、刻苦，为事业尽心尽力。敬，就是这样一种思想专一、行为负责的精神。

如果人生是一座摩天大楼，那么奋斗便是筑起高楼的砖瓦。

如果人生是一道峡谷间的鸿沟，那么奋斗便是连接鸿沟的桥梁。

如果人生是一座抵御外敌的城池，那么奋斗便是守护城池的将士。

“雄关漫道真如铁，而今迈步从头越。”同学们，请不要做无聊的诉说者，让我们漫步在青春的大道上，用辛勤的汗水和智慧去绘就人生最美丽的画卷。

陈独秀在《青年杂志》（后改为《新青年》）创刊号上写道：“青年如初春，如朝日，如百卉之萌动，如利刃之新发于硎，人生最可宝贵之时期也。”

青春期是人生最快乐、最精彩的时光，因为青春期装满了梦想与希望。在积极主动、敬业负责地完成各项任务、战胜各种困难及挑战的过程中，我们会逐渐明确自身优势和特长。敬业精神不仅有利于我们做好本职工作，还能帮助我们养成稳重担当、豁达感恩的良好性格，为成就青春梦想添砖加瓦。

习近平总书记在党的十九大报告中指出：“青年兴则国家兴，青年强则国家强。青年一代有理想、有本领、有担当，国家就有前途，民族就有希望。”[①]我们作为21世纪的新青年，应该身体力行，积极践行社会主义核心价值观，勇于追梦，勤于圆梦，努力成就青春梦想！

（指导教师：任健、石玥）

① 习近平：《决胜全面建成小康社会 夺取新时代中国特色社会主义伟大胜利——在中国共产党第十九次全国代表大会上的报告》，人民出版社，2017年，第70页。

敬业精神与当代青年

李慧芳

“如果你是一滴水，你是否滋润了一寸土地？如果你是一线阳光，你是否照亮了一分黑暗？如果你是一颗粮食，你是否哺育了有用的生命？如果你是一颗最小的螺丝钉，你是否永远坚守在你生活的岗位上？”[①]这是伟大的共产主义战士雷锋在日记中所说的一句话。从这句话中，我们看到的是他那无私奉献、爱岗敬业的精神。这种精神告诉我们无论在什么样的工作岗位，无论从事什么样的工作，都要认真、尽力。作为一名当代大学生，我们更要尽自己最大的努力为祖国作出贡献。

当代青年如何弘扬敬业精神？一是敬业应当爱岗。虽然我们常把爱岗和敬业放在一起讲，但爱岗涉及的是人的感情，而敬业涉及的是人的意志，两者属于不同的范畴。爱岗的核心是对社会、对人民、对服务对象的深厚情感，全心全意为人民服务、大公无私为社会奉献，具有崇高的职业道德品质。二是爱岗必须敬业。在工作中，大学生要具有责任感和主动精神。三是敬业必需精业。所谓精业，就是要熟悉业务、精通业务。要做到熟悉和精通业务，大学生应从学好专业知识做起，加强社会实践，培养动手能力。参加工作以后，要充分发挥自己的聪明才智，在学识和业务上不

①《雷锋日记》，北京联合出版有限公司，2021年，第1页。

断与时俱进。四是敬业要从小事做起。在我们的日常生活中，有大量琐碎的工作需要处理，因此敬业就是要从小事做起。

那么，青年又该如何成就青春梦想呢?

要把长远理想与现实生活相结合，立志从现在做起。有的青少年朋友谈起理想时，很是激动，却认为那是明天的事，始终没有行动。殊不知，明天虽好，只是希望，今天才是实现理想的起点。

要把伟大目标与平凡小事相联系。俗话说，“千里之行，始于足下”。有的人总想“一步登天”“一鸣惊人”，而不愿扎扎实实地从平凡小事做起。这是不对的。小事虽小，但是大事之源。列宁说：“要成就一件大事业，必须从小事做起。”[①]实现远大理想，就要从平凡的小事做起。

要实现人生的远大理想，必须发扬艰苦奋斗的精神。俄国寓言家克雷洛夫有一个精彩的比喻：现实是此岸，理想是彼岸，中间隔着湍急的河流，行动是架在河上的桥梁。要实现自己的理想，必须付诸行动。功崇惟志，业广惟勤。如果不把努力落实在每一天的具体行动中，梦想就会成为空想，只要坚持努力，即使过程再艰难也有机会离梦想更近一步。

我们处在一个日新月异的时代，要努力学习科学文化知识，树立远大理想，将敬业精神与青春梦想相结合，做对社会有贡献的青年。

（指导教师：黄金满、周婧晗）

---

①《列宁选集》第四卷，人民出版社，1972年，第176页。

看，501的灯还亮着！

赵　焕

晚上11时48分，501实验室的灯仍然亮着。仪器设备还在运行中发出沉稳有力的声响，我确定是一群热血青年依然在奋斗！我有幸成为这群青年中的一分子——一名即将研三的学生。我没有华丽的辞藻去表达敬业，但我想用最真实的体会和情感去抒发我的理解。

作为一名学生，眼前大家忙碌的身影，不就是对敬业最好的诠释吗？

“谢谢，已签到。”崭新的一天在打卡声中开始。开门，开窗，开仪器，休息了一晚上的实验室，立刻有了精气神。“咦！‘小金刚’今天怎么还没有来呀？”“哪里是没有来。她凌晨4点就过来啦！”“对呀！门卫大哥都惊讶她怎么那么有精力呢！”“小金刚”是我们送给她的外号，能获得此外号，应该足够可以看出她的努力了！“睡醒了就来做实验啊，睁着眼睛躺在床上有什么意思呢？”这是“小金刚”的经典语录。的确，早起干活，晚上通宵，这是501的常态。这里没有抱怨，没有叫苦连天，大家主动作为，在该拼搏的年纪义无反顾地拼搏。

由于实验内容的特殊性，我们实验室是没有安装空调的。自5月份以来，我们就持续“享受”着桑拿待遇。“不行了！我要中暑了！”“杨二萜”一边嘟囔着，一边处理她的样品。“太热就先别干了啊，凉快些再干吧！”

“那怎么能行？我的大宝贝儿（样品）该不乐意了！我热，它也不凉快啊！”“杨二萜”白了我一眼，傲娇中带点小调皮的眼神像是在说：我就嘴上发发牢骚，但还是会继续做实验的啊！懈怠自己的实验，总归是对工作不负责，对自己不负责！

我和“杨二萜”被大家称为“二萜两人组”，那是因为在501，我们两个人的实验研究方向都与二萜类化合物有关。我和“杨二萜”可以说是实验室的“难兄难弟”，前期实验样品不易处理，后期实验条件不好探究。但好在我们没有在实验处于瓶颈期的时候打退堂鼓，遇到问题时我们会一起讨论，灰心丧气时会相互鼓励打气。尤其是我，由于研究生阶段所选专业方向和本科时有所不同，实验初期我吃了不少苦头。我实验基础比较薄弱，别人一天能学会的实验操作，我可能要花两天或者更多的时间去消化它。相关专业的书籍我更是从来都不离手，遇到不理解的问题追着老师一遍一遍地问。好记性不如烂笔头，在同学的建议下，我把师兄的笔记从头到尾认真地抄了一遍。不间断地学习，一点点努力，一天天进步……随着对实验技能掌握得越来越牢固，对实验原理理解得越来越透彻，我开始能教师弟、师妹做实验了。别人向我提问时，我也可以从容大方地给他们一一讲解了。我自己深知这种毫不胆怯、充满自信的状态来源于我的踏实努力。一分耕耘，一分收获。回想起那些彻夜亮灯的夜晚，没有休息的周末，我尝的苦头现在都变成了甜头！继续加油！

午饭时间到。从实验室去食堂的路上，我们或许是一群能引起别人注意的人，并不是我们衣着光鲜，简单干净的黑白灰，是我们的标配。实验时间，501没有人化妆打扮。每每看到一群打扮光鲜亮丽的姑娘从我们身边经过，都会自我安慰一番：“我们可不是这么埋汰的！美的方向不同而已啦！‘此美’非‘彼美’！只是暂时搁置我们的‘此美’而已啦！文章多发几篇，让那些‘宝贝’重见天日！”“可不嘛！她们那裙子能有我们的白大褂好看吗?”“不能比，不能比……”“我们是不是快有一种科研疯子的味道啦?”“快了！快了!” 我们经常在一起开这种玩笑。

“老师，您现在忙吗?”推开门，我探着脑袋问。老师敲着键盘，略显忙碌，微微几秒停顿，挪了挪椅子转头向我：“有点忙，15分钟之后再来找我吧。”“好的!”这是老师的日常。每天除了指导我们做实验外，就是对着电脑敲啊敲，拿着笔写啊写，手机时不时地还要响一响。

“老师，我又来了，嘿嘿，一天那么多问题，您会不会烦呀?”我走进办公室，有点不好意思，但又不觉得难为情。老师往椅背上一靠，放下手中的笔：“你不来问，问题才大呢，啥问题?”为了更好地实验，我们经常开玩笑，要踏破老师办公室的门槛，而老师从来都是不厌其烦地为我们解惑。

晚10时30分。“老师，要帮您锁门吗?”“不用不用，你们先走吧。我还要再待一会儿，今天你们的实验数据还没看完呢!”“老师辛苦，我们先回去啦!”“回吧回吧，回去早点休息!”“老师明天见!”老师经常是实验室里走得最晚的一个。

我用小小的501的生活点滴，表达对敬业的理解。我们努力扮演好自己的角色——作为学生，好好学习；作为老师，传道授业解惑。501只是社会各行各业的一个缩影，中国还有千千万万个501。501亮着的不仅仅是灯光，也是梦想、青春与希望!

(指导教师:方文韬)

敬业乐群　忠于职守

苏远远　杨丹丹

中华文化源远流长，从古代“功崇惟志，业广惟勤”“兢兢业业，恪尽职守”，到如今被纳入社会主义核心价值观，“敬业”一词始终鲜活存在并意义非凡。所谓敬业，就是恪尽职守，大致包括两方面内容：一是敬重自己所从事的工作，并引以为豪；二是深入钻研探讨，力求精益求精。简单来说，敬业就是一个人对自己的工作岗位负责的一种态度。

敬业的首要前提是敬重自己的工作，将自己的个人价值与强烈的职责意识融入自己日常的工作中，发挥自己应有的才能与实力，认真完成好自己的本职工作，促使自己在工作上取得更长远的进步。要做到敬业还需有无私奉献的精神。不论从事何种工作，我们都要有强烈的责任意识，做好做成自己的工作，而不是在工作中打小算盘，对自己的利益得失斤斤计较。只有这样，才是敬重自己本职工作的具体表现。只有同时具有强烈的职责意识和不计牺牲的奉献精神，才能为敬业注入鲜活的动力。

敬业，从古至今被无数有志之士视为人生圭臬。“执事敬”“事思敬”“修己以敬”就是这样一种思想专一、行为负责的精神。《庄子》载“用志不分，乃凝于神”。一个人只有对职业具有敬重和热爱之心，具有实现职业目标的愿望，具备规范自己行为的从业能力，才会具备为把这份职业做到至美至善，而去精益求精、笃行不倦的精神。所以，敬重自己所从事的职业并引以为豪，可以使人具备敬业的能力，从而促进集体乃至国家的发展。

“君子务本，本立而道生。”怀着敬业之心工作，我们不仅会认真仔细干好岗位工作，还会在日复一日的认真负责、扎实付出中养成稳重担当、豁达感恩的良好性格，在持之以恒中成长为专精人才，在团结协作、互帮互助中获得团队认可和组织归属感，在贡献价值、助力人企共赢中收获成功事业和幸福人生。敬业是一个人高尚心灵的外显，是我们职业理想、职业情感、职业信念的综合体现，是我们对事业的敬畏、对工作崇高的信仰。

职业不分贵贱，敬重他人之业，为敬业；默默工作，精益求精，敬重自己之业，更为敬业。有人说，人生可以平凡，但不能平庸；人生不一定要伟大，但一定要有意义。我们年轻人在平凡的工作岗位上要脚踏实地，勤勤恳恳，以奉献之心做工作，以爱岗敬业精神为先锋，争当新时代合格的建设者。

（指导教师：郭跃、王满）

敬我们的职业

李婧雯　李康茹　李世浩

2020年1月27日晚，正值大年初三。在这个本应该家人团聚，阖家欢乐的日子里，年过古稀的张伯礼院士在国家急召后，立马踏上了抗疫的征程，让人敬佩不已。更加难能可贵的是，即使在抗疫前线做过胆囊切除手术，他也从未想过退出。这是一个医生不灭的信仰，也是一个老人的职业操守。他是人民的英雄。

其实，无论是医务人员、警察，抑或是环卫工人、农民工，在一天的劳累后，第二天仍然会元气满满地坚守岗位。这就是敬业。

那么，敬业的重要性何在呢?

首先，敬业具有重要的道德价值。对个人来说，它是实现自我价值的主要途径；对家庭而言，它是维系家庭和谐美好的基石；对社会而言，它是连接个人与社会的重要纽带。党的十八大以来，习近平总书记多次提到中华优秀传统文化尤其是中华传统美德的重要性，强调培育和弘扬社会主义核心价值观必须立足中华优秀传统文化。这启发我们，敬业作为社会主义核心价值观之一，其培育和弘扬要从中华优秀传统文化中汲取精神力量。

其次，敬业具有重要的现实意义。敬业精神是人们基于对一件事情、

一种职业的热爱而产生的一种全身心投入的精神，是社会对人们工作态度的一种道德要求。具体来说，敬业就是个人或集体在工作中树立主人翁的责任感，培养认真踏实、恪尽职守、精益求精的工作态度。在个人层面上，它是实现个人自由全面发展的必然选择；在社会层面上，它是实现社会和谐发展的精神支撑；在国家层面上，它是实现中华民族伟大复兴中国梦的内在精神动力。

作为大学生的我们，即将踏上工作岗位，敬业精神必不可少。敬业要求我们每个人敬重自己的职业，培养强烈的责任心与使命感；要求我们每个人都爱岗、尽责、专注、钻研和奉献。用最通俗易懂的话来说，就是眼光要长远，工作要勤奋。

我们是临床医学专业的学生，在将来奔赴工作岗位时，我们应将责任与使命牢记于心，不害怕，不放弃，永远保持积极乐观的精神状态。梁启超说过：凡职业都具有趣味的，只要你肯干下去，趣味自然会发生[①]。做任何事都一样，需要有恒心、细心和毅力，这样才会到达成功的彼岸。愿我们都能坚持下去，对自己的职业心存敬畏，认真负责。

（指导教师：林家虎、夏亚莉）

① 程继隆：《读史明志公民读本》，上海辞书出版社，2016年，第77页。

执事敬　事思敬

王　锐　汪千千

中华文化源远流长，从古代的“功崇惟志，业广惟勤”“兢兢业业，恪尽职守”等，到如今的社会主义核心价值观，敬业一直被口口相传。总的来说，敬业就是一个人对自己的工作岗位负责的一种态度。

2020年新春时节，新冠肺炎疫情席卷全国。疫情暴发后，一封封请求奔赴“战场”的请战书如雪片上交。除夕之夜，白衣天使们逆向而行的身影让无数人泪目。不论是在疫情蔓延的第一时间就赶往疫情重灾区武汉的钟南山院士，还是身患渐冻症却始终坚守在抗疫第一线的张定宇院长，他们在当时想的都是自己是一名医生，守护病人是自己的职责。像钟南山院士、张定宇院长这样的医护人员还有千千万万，他们用大医仁心，用感人至深的敬业行动与病毒作斗争，为守护我们的安全拼尽全力。

为何要敬业？责任、修养、成就！

在其位谋其政，任其职尽其责。既然自己身处这个位置，就要承担好自己的责任。那些奋斗在抗疫第一线的医生接受采访时总会说这是他们应该做的。我觉得他们很真实。作为医护人员，入学时就曾宣誓“志愿献身医学，热爱祖国，忠于人民，恪守医德，尊师守纪，刻苦钻研，孜孜不倦，精益求精，全面发展……决心竭尽全力除人类之病痛，助健康之完美，维护医术的圣洁和荣誉，救死扶伤，不辞艰辛，执着追求，为祖国医药卫生事业的发展和人类身心健康奋斗终生”。正如誓言中所说“决心竭尽全力除人类之病痛，助健康之完美”，救死扶伤是医生的职责，医护人员在抗疫中用实际行动证明他们做到了，他们是一群敬业的人！

人都有自己的职业选择，重要的是我们做了选择后，无论艰辛与否，都要保持一份敬业的态度。敬业不仅是一种态度，更是一种修养，这也是社会主义核心价值观在公民个人层面提出敬业这一价值准则的重要缘由。

古往今来，事业上有所成就者，大体上离不开两个特质：一是有强烈的事业心和责任感，二是锲而不舍地奋斗和努力。二者结合即为敬业。在学生时代，如果你认真对待学业，就会取得相对较好的成绩；进入工作岗位之后，如果你认真对待工作，就会取得相对较好的工作业绩。因此，敬业也是通往成就之路的必然选择。

如何做到敬业？勇于担当！

敬业就要勇于担当。在疫情防控期间医护人员递交了请战书，面对未知的疫情，面对未知的危险，他们勇于承担，主动请缨。如果我们都具有敬业精神，定会创造更加美好的明天！

尽管时代在变，敬业的形式在变，但敬业二字的内涵从未改变。敬业一直要求我们在自己的工作岗位上积极承担责任，认真对待工作中的每一件事，不因困难而退缩，不因挫折而气馁。回首过往，不论是帝王将相，还是布衣百姓，只有做到敬业，方能有所成就。再看今朝，所谓白衣天使就是在疾病和未知面前，仍然坚守从医时的誓言，仍然像平常一样坚持与病魔作斗争，替病人博明天的一群人。这群人在历史长河中，渺小又伟大，平凡又耀眼。敬业从未消失，我们对敬业精神的追求和践行从未停止！

（指导教师：林家虎、夏亚莉）

从疫情防控及大学生修养谈爱岗敬业

姜　楠

爱岗敬业要有格物致知精神，干一行，敬一行，专一行，精一行。常言道：爱而不敬，非真爱也；敬而不爱，非真敬也。只有发自内心地热爱自己的职业，才能做到真正的敬业。敬业是中华民族薪火相传的优良传统，更是每个人素养的体现。我们虽然不能像邓稼先、杨振宁、袁隆平等科学家那样轰轰烈烈，但我们可以在自己的岗位上奉献光和热。全国劳动模范许振超，立足本职，从装卸工人到桥吊专家，在自己的行业内精益求精。诚如他自己所言："咱当不了科学家，也要练就一身'绝活'，做个能工巧匠，无愧于时代，无愧于港口的培养。"邮递员唐和顺，山中步行十几年取送邮件只为方便村民。可见，爱岗敬业是一种态度，一种美德，也应当成为一种习惯。作为一名当代大学生，我想从疫情防控和大学生自身素养方面谈一下自己对爱岗敬业的理解。

只有激情奋斗的青春，只有顽强拼搏的青春，只有为人民作出贡献的青春，才会留下充实、温暖、持久、无悔的回忆。当面对突如其来的疫情时，我看到了当代青年的责任和担当，看到了当代青年的家国情怀，看到了当代青年的不惧艰难。哪有什么岁月静好，不过是有人在替我们负重前行。广大青年学子积极加入抗疫队伍，有同学回到家乡与当地人员一起坚守在体温检测的第一道防线上，有同学在高速公路出入口、火车站等地进行24小时不间断疫情防控排查，也有学子迅速响应，在发热门诊预检分诊处开展志愿服务。北京中医药大学针灸推拿学院2017级中医学专业学生任飞鸿在父亲手术期间身披白衣“战袍”，代父出征，深入社区基层与医护人员一起对居家隔离对象进行监测巡访。他与父亲一同战疫，一起守护居民健康。他说：“作为一名医学院校的学生，我虽无法如各位老师们一样前往最前线与病毒作斗争，但我仍能承担起自己的一份责任。身为中医学子，我们要立足专业、用心钻研，要理解中医学的精髓，也要借鉴西医好的思路，这样才能更好地传承和发展中医药文化，让中医药为人类的健康事业发挥更大的作用。”面对疫情，风华正茂的“90后”“00后”，以明知山有虎、偏向虎山行的壮举，争分夺秒，抢回一个个鲜活的生命。作为一名年轻的中医学子，我深感身上责任重大，更心怀感恩，决心要用自己的知识回报国家、回报社会、造福百姓。

对于大学生而言，爱岗敬业主要体现在专业技能方面。努力学习是学生最基本的素养和职责，学习当然不仅仅是学习书本知识，也体现在动手操作能力和临床实践能力上面。这一点又说明敬业需要精业，即精通自己所学的领域，加强社会实践，充分调动自己的聪明才智，在学识和业务能力上与时俱进。敬业不是口号，而是需要从日常生活的一点一滴做起。诚如李大钊所言：凡事都要脚踏实地去作，不驰于空想，不骛于虚声，而惟以求真的态度作踏实的工夫。因此，爱岗敬业要求我们在学校要做到积极进取，学到一身本领；在医疗岗位上要做到志存救济，大医精诚。身为党员，更应该功崇惟志，业广惟勤，临难不畏，为人民服务。

韩愈在《进学解》中指出：“业精于勤，荒于嬉；行成于思，毁于随。”以此态度做事，则真理可明；以此态度做事，则功业可就。爱岗敬业，与君共勉！

（指导教师：段雷）

弘扬敬业精神　书写人生华章

李德恩　余　越

敬业是什么

敬业是中华民族的传统美德。孔子称“执事敬”，朱熹解释敬业为“专心致志以事其业也”。他们认为，敬业就是凡做一件事，便忠于一件事。马克思指出，人在本质上是“一切社会关系的总和”[①]。从这个意义上讲，“业”是个体的人向社会的人转化的根本途径。时至今日，敬业俨然属于道德的范畴。党的十八大从坚持和发展中国特色社会主义，整合力量，凝聚共识的高度，提出了培育和践行社会主义核心价值观的战略任务。敬业就属于社会主义核心价值观在公民个人层面的价值准则。

为什么要敬业

《礼记》中讲“一年视离经辨志，三年视敬业乐群”，认为青年人学习要达到的第二个阶段就是敬业。人们也经常说干一行，爱一行。为什么要

① 《马克思恩格斯选集》第一卷，人民出版社，2012年，第139页。

敬业呢？近代思想家梁启超在著名演讲《敬业与乐业》中提出了同样的问题：业有什么好敬的呢？为什么可敬呢？这位思想家的回答可以总结为两种类型：一种是为谋生而敬业，另一种是因为认识到自己工作的意义而敬业。在新冠肺炎疫情阻击战中，武汉市金银潭医院院长、渐冻斗士张定宇将敬业诠释得淋漓尽致。其实早在新冠肺炎疫情暴发之前，张定宇患渐冻症已经快两年。但是，医院里没有一个人知道真相。渐冻症，是一种罕见病症，会慢慢发展为全身肌肉萎缩和吞咽困难，直至呼吸衰竭。2020年9月8日，全国抗击新冠肺炎疫情表彰大会在北京人民大会堂隆重举行。中共中央总书记、国家主席、中央军委主席习近平向“人民英雄”国家荣誉称号获得者张定宇颁授奖章。张定宇胸前的“人民英雄”勋章，金灿灿，沉甸甸。他说：“我的生命已不仅仅属于我自己，更是属于人民。”这就是张定宇：不惧自身疾病，只想拯救他人。也正是无数像张定宇院长这样的全心全意为人民服务的医护人员恪尽职守，默默付出，抗疫斗争才能取得阶段性胜利。

怎样敬业

首先，掌握专业技能，提高理论水平。敬业要求职业工作者掌握专业技能，做到对技术的精益求精，并且不断提升自己的理论水平和素养。具备专业技能是从事职业活动的基础性前提，理论的学习和积累为职业活动的开展提供理论基础。

其次，具有强烈的责任心和光荣的使命感。从事一项职业，就承担一份责任。敬业者将职业视为自己的生命，满腔热情、全身心地投入工作中去。正如马克思在中学毕业论文《青年在选择职业时的考虑》中所写的：“如果我们选择了最能为人类福利而劳动的职业，那么，重担就不能把我们压倒，因为这是为大家而献身；那时我们所感到的就不是可怜的、有限的、自私的乐趣，我们的幸福将属于千百万人，我们的事业将默默地、但是永恒发挥作用地存在下去，而面对我们的骨灰，高尚的人们将洒下热泪。”①

再次，自觉维护职业尊严。职业尊严是人们对所从事的职业的社会价值的一种肯定。马克思把“尊严”“正确选择”和“能够不断接近共同目标”作为择业价值观的三个标准，让我们清晰地判断出只有从事“为全人类解放”的事业（职业），才能够最大限度地迸发出生命的意义和价值。

最后，具有乐业精神。从一般意义来讲，人类只有在劳动实践活动获得发展的过程中才可能产生对劳动和职业的乐趣。乐业精神是建立在对工作的高度认同以及自觉维护职业尊严基础之上的，将职业作为乐生之道，而非谋生之道，是敬业精神的最高境界。

敬业不是一句简单的口号，而是要付诸实践、躬身力行。我们要树立敬业意识，在岗言岗、在岗爱岗、在岗为岗，这样才能成为本行业、本岗位的行家里手，书写精彩的人生篇章。

（指导教师：王晓宏、方悦）

①《马克思恩格斯全集》第四十卷，人民出版社，1982年，第7页。

学习敬业精神　勇于担当使命

金宁红　刘　彬

今天讨论的主题是敬业，如何理解敬业？

何谓敬业？朱熹解释得好："主一无适便是敬。"用现在的话来说，凡做一件事，便忠于一件事，将全副精力集中于这件事上，一点不旁骛，便是敬业。敬业是一个人对自己所从事的工作认真负责的态度。

2020年伊始，新冠肺炎疫情来势汹汹，感染病例和死亡人数一直牵动着全国广大人民的心。以习近平同志为核心的党中央高度重视，迅速决策，作出重大战略规划部署，及时向世界卫生组织通报疫情，展现出了大国担当。

在阖家团聚的除夕，一群最美逆行者义无反顾地奔赴武汉。他们时刻牢记使命，主动请缨，为患者们带来希望。白衣天使是党和群众对广大医务工作者的最美赞誉。正如一位外科医生所说：从选择做医生的那一刻起，我就要对得起我身上穿的这件白大褂，对得起患者对我的信任。

疫情之下，外卖小哥依旧坚守岗位，按时将每一份物品送到顾客手中，是他们保障了人民生活。清晨起，他们就开始穿梭在空荡的大街上，像是这座城市的摆渡者。为了保障自己的安全，也为了顾客的安全，他们每天至少要进行一次全身性的消毒，测量几十次甚至近百次体温。他们也许并不知道什么叫“明知不可为而为之”，只知道这么做是责任，是应当。他们也许并不明白什么叫“勿以善小而不为”，但他们的行动是对这句话最好的诠释。

为了抗击疫情，广大党员干部和群众放弃回家与亲人团聚，夜以继日地坚守在岗位上。高速路口，警察同志已经连续值班几十个小时，日夜颠倒地工作。社区，服务工作人员对社区各出入口进行登记，核对社区居民身份信息，在寒冷的夜晚默默地坚守在岗位上。在这个没有硝烟的战场上，每个中国人都在为疫情防控贡献自己的一份力量。

和平年代充满不平凡的故事。

战士们不畏艰险，用忠诚的心牢牢守护着祖国的一块块界碑，在冰霜风雪的边塞留下了一个又一个坚定的脚印。我们每个家庭幸福安宁的生活都离不开这些英勇的边防战士的日夜坚守。路上车水马龙，身穿橘黄色工装的环卫工人不停忙碌着。

中华民族要实现伟大复兴，要腾飞于这个世界，要靠千千万万个献身社会主义建设事业的优秀劳动者。每一个平凡但默默无闻地坚守自己工作岗位的人，都值得我们敬佩和学习，他们像灯塔一样，指引着我们一路前行。

作为一名大学生，我们应该自觉践行爱岗敬业精神，努力学习，努力奋斗。大学生是民族的未来，国家的希望，是实现中华民族伟大复兴中国梦的动力。我们要始终紧跟时代发展的步伐，将我们的理想志向同国家和民族的前途命运紧紧联系在一起，携手为国家发展贡献力量！

（指导教师：周娟、周政）

以敬业为笔　书人生风采

谢婉婷　程　萍

何为敬业

敬业是中华民族的传统美德。从古至今，中华民族都非常珍视并始终恪守敬业精神。孔子主张“敬事而信”；诸葛亮提出“鞠躬尽瘁，死而后已”；杜甫言“为人性僻耽佳句，语不惊人死不休”；韩愈在《进学解》中指出“业精于勤，荒于嬉；行成于思，毁于随”。毛泽东提出“全心全意为人民服务”，把敬业推到了至高境界。

钟南山，中共党员，他受父亲影响，19岁考入北京医学院，走上从医报国的道路。在2003年抗击“非典”的战斗中，他主动要求承担广东省危重“非典”病人的救治工作，较早发现了广东的病原，并率领团队总结出“三早三合理”的诊疗原则，成为抗击“非典”的领军人物。

2020年1月18日，他刚从深圳抢救完相关病例回到广州，接到通知后又连忙从广州赶往武汉，买不到机票只能坐在高铁餐车；1月19日，实地了解疫情、研究防控方案，晚上又从武汉登上飞往北京的航班；1月20日，参加全国电视电话会议、新闻发布会、媒体直播连线，忙到深夜；1月21

日，从北京回到广州，在广东省政府新闻发布会上解读最新情况。

钟南山先生时隔17年初心不改，用行动完美诠释了何为敬业、何为敬业精神。

为何敬业

朱熹在书中写道："敬业者，专心致志以事其业也。"无论我们在哪一行哪一业，在自己的工作岗位上勤勤恳恳、兢兢业业，遵守职业道德，就是敬业。只有对自己的工作满腔热情，尽职尽责，尽心尽力，才能获得社会的认可，实现自身的价值与目标。

习近平总书记曾说过："敬业是一种美德，乐业是一种境界。"[①]从国家层面而言，敬业是发展需要。只有爱岗敬业的人，才会在自己的工作岗位上坚持不懈、锲而不舍地钻研学习，才有可能为国家作出巨大贡献。从社会角度而言，敬业是建设需要。正是因为有了许许多多爱岗敬业的人，我们的国家才能取得长足的发展。

如何敬业

首先，要将敬业精神落实到实际行动上。内心想敬业是行动上敬业的基础，假如不做任何行动，或者在行动的时候不去思考什么是敬业、如何敬业，只顾着行动，则不是真正意义上的敬业。敬业要始于感情，落实于行动。对一份职业的热爱是敬业的开始，努力践行这份热爱是敬业的更高层次。

其次，要拥有敬业的认知、敬业的情感和敬业的行为。三者缺一不

① 习近平：《之江新语》，浙江人民出版社，2007年，第177页。

可，只有这三个方面真正地融合在一起，才能真正做到敬业。个人需要有敬业的认知，而随着敬业认知的进一步加深，便会产生更多的敬业情感，从而使敬业成为一种本能和习惯。

最后，要树立正确的人生观、价值观和职业观，从点滴入手，不因为事情简单而不去做。要在重视每一个细节中做好本职工作，乐于学习，善于创造；要在体会劳动的乐趣中做好本职工作，努力发光发热，升华自我价值。

（指导教师：王晓宏、方悦）